目　次

歴史文化ライブラリー
237

跋《ばっ》扈《こ》する怨霊

祟りと鎮魂の日本史

山田雄司

吉川弘文館

怨霊とは何か――プロローグ

怨霊と神観念

「霊魂《れいこん》は存在するのですか」。怨霊《おんりよう》について講義すると、必ず受ける質問である。この問に対しては正直答えに窮するのであるが、「あると思う人にはあり、ないと思う人にはない」と答えることにしている。私は霊魂の存在の有無について、現代の「科学的」視点から論じようとしているのではない。前近代社会においては、霊魂が存在することは社会上の通念であり、そのため怨霊が存在することについても広く認識されていた。しかし、観念の世界においては、人々がみなおしなべて同じように認識するということはないのであり、ある事象が起きたとき、それを怨霊が原因だと積極的に認識する人もいれば、他の要因に帰結させようとする人もあって、千差万別であることはいつの時代でも同様である。

怨霊は、怨霊だけ見ればわかるのではなく、当時の神観念と密接に関わっている。中世日本は「神国《しんこく》」であり、何にも優先して神意が慮《おもんぱか》られた。しかし、中世日本の神は絶対的な存在ではなく、汗も流すし血も流す「人間くさい」存在であった。現代人にとってはあたりまえのことながら、神は人が創り出した存在であることを中世の人々も認識していたのである。

それが戦国時代になると、神のことは次第に考慮されなくなっていく傾向にある。神は「手段」として用いられ、現代人とほとんど同じ神観念を持つようになってくる。そのため容易に人が神に転化することができるようになった。豊臣秀吉《とよとみひでよし》が神とされたことにより、現世において秀でた偉業を成し遂げた人物が死後に神として崇められる道が開かれた。それが近代での軍神につながり、英霊として数え切れない人々が神として靖国《やすくに》神社や護国《ごこく》神社に祀られることとなっていくのである。

それ以前は、人が神として祀られるのは、怨霊として人々から恐れられたことにより、神として祀って鎮魂を願うためであり、神と人との間には厳然たる区別があった。優れた人物を神として祀る例もないことはないが、きわめてまれな例外と言ってよい。神が「人間くさい」存在であっても、人が容易に神になることはできなかったのである。怨霊の場合でも、怨霊と認識されたらすぐに神とされるのではなく、怨霊に対してさまざまな鎮撫が行われても鎮まらない場合、最終手段として神にまで崇め、鎮魂を願うのである。そして、そうした鎮魂の方法は平安時代になって登場してくる。

慈円の怨霊観

それならば、人を神とすることが可能であった怨霊とは何であろうか。

それは怨霊が跳梁《ちょうりょう》した院政期に史論を書いた比叡山《ひえいざん》の僧慈円《じえん》（一一五五―一二二五）に語ってもらうのが最も適しているだろう。彼の著した『愚管抄《ぐかんしょう》』第巻七にはこのように述べられている。

怨霊ト云ハ、センハタヾ現世ナガラフカク意趣ヲムスビテカタキニトリテ、小家ヨリ天下ニモヲヨビテ、ソノカタキヲホリマロバカサントシテ、讒言ソラ言ヲツクリイダスニテ、世ノミダレ又人ノ損ズル事ハタヾヲナジ事ナリ。顕ニソノムクイヲハタサネバ冥ニナルバカリナリ。

怨霊とは、現世において深く恨みを持って、仇《かたき》を選んで転倒させようとし、讒言虚言《ざんげんきょげん》を作り出し、それが天下にも及んで世を乱れさせ人に危害を加えたりするものであり、現世でできなかったことを冥界で晴らす存在だと解釈している。そして、怨霊となった人物として具体的には、井上内親王《いがみないしんのう》・藤原朝成《ふじわらのともなり》・藤原顕光《あきみつ》・崇徳院《すとくいん》・藤原忠実《ただざね》をあげている。そして、人が怨霊と化すためには、「先如《かくのごとき》レ此ノ事ハ怨霊トサダメラレタル人ニトリテコソサル例多ク候へ」とあるように、怨霊になると定められた人の場合にこそ怨霊となるのだとしている。つまり、慈円の認識では、怨霊とは人々の共通認識として怨霊となるであろうと思われた人物が怨霊となるのだとされている。これは、人々の心の根底にある「あるべき姿」を求めようとする意識が怨霊を作り出すのだと言えよう。

怨霊は、さまざまな階層・地域において表出する現象であるが、慈円が関心を持ったのは、当然自分が属する京都での上流社会の事象であった。そしてそれは王権と直結しており、慈円の怨霊認識はそのまま院政期社会の抱える病理でもある。他の時代と比べて院政期の怨霊は数的にも質的にも、他の時代を凌駕《りようが》している。このことはすなわち当時の人々が、当代をあるべき姿でないと認識していたからにほかならない。「鳥羽院《とばいん》ウセサセ給テ後、日本国ノ乱逆ト云コトハヲコリテ後ムサノ世ニナリニケルナリ」「サレバ今ハ道理トイフモノハナキニヤ」と認識していたのはひとり慈円だけではなかろう。貴族にとって武士が政治を握っていることは許せないことだった。「今ハ又武者ノイデキテ、将軍トテ君ト摂籙《せつろく》ノ家トヲオシコメテ世ヲトリタルコトノ、世ノハテニハ侍ホドニ」のように、政権が武家に移っているところに、怨霊を認識させるそもそもの社会の病巣があると思われていたのである。院政期は怨霊や天狗《てんぐ》が跳梁し、末法《まっぽう》が現実味をもってとらえられ、絵巻物でも地獄の恐ろしい状況がリアルに描かれる時代であった。

ならば、怨霊を防ぐにはどうしたらよいのであろうか。

仏法ト云モノ、サカリニテ、智行ノ僧ヲホカレバ、カヤウノ事ハタ、レドモ、事ノホカナル事ヲバフセグメリ。

摂関政治隆盛のころは、仏法が栄え、知恵と行法《ぎょうぼう》を兼ね備えた僧が多かったので、祟るということはあったが、大事に至るのは防いだとしている。藤原師輔《もろすけ》には慈恵大師《じえだいし》、藤原道長《みちなが》には三昧和尚慶円《きょうえん》と無動寺座主慶命《きょうみょう》、藤原頼通《よりみち》には滋賀僧正明尊《みょうそん》というように、それぞれ帰依《きえ》した僧がおり、高僧によって怨霊から守られていた。しかし、末法の世となっては、為政者を守護する仏法が衰え、それによって相依の関係にある王法も衰え、怨霊の跳梁を許すことになってしまったのだった。その中でも後に述べる崇徳院の怨霊は、政権が天皇から武家へと移ってしまったことと結びつけられ、慈円は怨霊の中でもとりわけ崇徳院怨霊に関しては詳しく述べている。

怨霊と魔物

このような怨霊と、天狗・地狗《ちく》・狐・狸などの邪悪な魔物との区別についても慈円は述べている。建久七年（一一九六）ころ、兼中《かねなか》という男の妻が、後白河院《ごしらかわいん》の霊がとり憑いたと称して「我祝《いわ》へ、社ツクリ、国ヨセヨ」などと言い出したので、その真偽を確かめたが、本物ではないということになり流罪《るざい》に処せられた。また、建《けん》永《えい》元年（一二〇六）ころ、後白河院に仕えていた仲国《なかくに》法師の妻に院の霊が憑いて「我レイワヘ」ということがあり、後白河院の霊を祀ることが決められようとしていたときに、慈円は、

故院（後白河）ノ怨霊ニ君（後鳥羽）ノタメナラセ給フニナリ候ナンズルハ。又八幡大菩薩体ニ宗廟神ノ儀ニ候ベキニヤ。アラタナル瑞相候ニヤ。タヾ野犴《やかん》天狗トテ、人ニツキ候物ノ申事ヲ信ジテ、カカルコト出キ候ベシヤハ。

として、後白河院の怨霊であるという託宣《たくせん》を排除し、人には物狂いという性格がある上に、狐や天狗などというのもまたいるのであって、狐や天狗は世の中が正しくなくなって、自分を祀ったりするようになるのを特に望んでおり、人をたぶらかしているのだと述べている。そして、

コレヲトリナシマイラセ候ハンズルヤウ見ルコ、チコソシ候へ。タヾ今世ハウセ候ナ

ンズ。猶サ候ベクバ誠シク御祈請候テ、真実ノ冥感ヲキコシメスベク候。

と、託宣を信じたならば今すぐ世は滅びてしまうであろうと言って、託宣の恐ろしさに警鐘を鳴らしている。そのため、仲国夫婦は摂津国仲山という山寺に置かれることになった。

怨霊と天狗・狐との区別は難しく、怨霊になると誰でも納得するような人物の場合、怨霊として認められるのであって、その他の場合は天狗・狐に分類された。何か不可思議なことが起きた場合、

先コレニツキテ、是ハ一定大菩薩ノ御計カ、天狗・地狗ノ又シハザカトフカクウタガウベシ。コノウタガイニツキテ、昔ヨリ怨霊ト云物ノ世ヲウシナイ人ヲホロボス道理ノ一ツ侍ヲ、先仏神ニイノラルベキナリ。

のように、不可思議なことが八幡大菩薩の御はからいによるものか、天狗・地狗の仕業《しわざ》なのか、それとも怨霊によるものなのかはっきりさせる必要があった。とりあえずは仏神に祈るということで対応できても、原因を取り違えては根本的解決にはならないとしている。天狗等は邪悪な妖怪が道理なく人にとり憑くものであって、怨霊としてとり憑かれる理由を人々が認めないときには天狗・狐が憑いたと理解された。

慈円は、君《きみ》たるものは武士に遠慮しないで理に任せて政務を行うべきであり、そうして

こそ今の世はしばらくは治まるであろうと考えていた。そして、

ヒシトコレハ神〲ノ御ハカライノアリテ、カクサタシナサレタルコトヨト、アキラカニ心ヱラル、ヲ、カマヘテ神明ノ御ハカライノ定ニアイカナイテ、ヲボシメシハカライテ、世ヲ治メラルベキニテ侍ナリ。

とあるように、神々のはからいに基づいて世を治めるべきであり、世の終わりまで神々は存在して守ってくれていると確信していた。そして、世の中を根底から動かしているのは神仏であり、院政期にはその中でもとりわけ怨霊が社会を左右していたというのが慈円の歴史観であり、怨霊を済度するには仏法の法力に頼るしかないと考えていた。

もちろん、時代によって怨霊のとらえ方は違っており、本書の目的も時代による怨霊観の相違を解明していくことにある。世には怨霊といった精神世界に関する事象を無視して、目に見えるモノしか信用せずに歴史の発展を説いていく考え方から、何でも怨霊に結びつけようとする「怨霊史観」とも言うべきものまで存在している。そうした中で、実際の史料に基づき、人々の心性にも注意しながら、時代の中に怨霊を位置づけるという作業をしていく必要があるのではないだろうか。

怨霊の「誕生」と初期の怨霊

怨霊「前史」

霊魂の祟り

怨霊《おんりょう》という考え方はいつごろから起こってきたのだろうか。それを明確に提示することはできない。『古事記《こじき》』『日本書紀《にほんしょき》』に「怨霊」という語を見い出すことはできないが、だからといって、怨霊という考え方が存在しなかったと結論づけることはできない。おそらくは有史以来、非業《ひごう》の死を遂げた人が、自身を陥れた人物に対して祟るという考え方は存在したに違いない。しかしそうしたことを国家による編纂物に収録することは不適当であると考えられたのではないだろうか。それは、妖言《ようげん》を語ることは、人心を惑わし、国家を転覆することにつながるとして禁じられたことと同様に、怨霊を語ることは人々を動揺させ、国家に対する批判を巻き起こすことにつながることになるからであろう。

古代の祟り

怨霊という語で記されないにしても、実態としてそれと同様なことは『日本書紀』にも見えている。崇峻《すしゅん》天皇即位前紀には、物部守屋《もののべのもりや》が蘇我馬子《そがのうまこ》に滅ぼされたとき、物部守屋の資人捕鳥部万《しじんとりべのよろず》が最後まで奮闘したが、一衛士の放った矢が膝に刺さり、万はもうこれまでと自害した。朝廷は万を八段に斬って八国にばらまいて梟《くしざし》の刑にすることを命じた。そして、河内《かわち》国司が斬ろうとしたときに雷鳴が轟き、大雨が降ったことを記している。

また、『扶桑略記《ふそうりゃっき》』斉明天皇《さいめいてんのう》七年（六六一）夏条には、「群臣卒尓《そつじ》多く死す。時の人の云う、豊浦大臣《とゆらのおおおみ》の霊魂のなすところなり」と、群臣多数が死んだのを乙巳《いっし》の変によって自殺に追い込まれた蘇我蝦夷《えみし》の霊魂の祟りのためであるとする。『扶桑略記』は平安時代後期に成立したので、そのころの観念が少なからず反映しているとも言えよう。同じ事件について『日本書紀』斉明天皇七年（六六一）五月癸卯（九日）条では、朝倉社の木を切って斉明天皇が朝倉宮を造ったために、神が怒って宮殿を壊したとし、「宮中に鬼火を見る。これによりて、大舎人及び諸の近侍、病みて死ぬる者衆《おお》し」と、同じく宮中周辺の人物の病死を記し、霊魂の祟りのためとはしていないが、そのとき「鬼火」が現れたと、霊魂の出現を暗示している。また同年七月に朝倉宮で斉明天皇が急死したときにも、「朝倉山の上に鬼ありて大笠を著《き》て、喪の儀を臨み視る。衆、皆嗟怪《あやし》ぶ」と不思議な現象があったことを記している。古代においても、非業の死を遂げた人物の霊魂が祟るという考え方があったことがわかる。

怨霊と都市

それでは、怨霊《おんりょう》となったことを明確に示す人物は誰であろうか。それは、奈良時代に藤原氏によって非業《ひごう》の死を遂げていった長屋王《ながやおう》（六八四？—七二九）である。

長屋王の変

長屋王は、天武天皇《てんむてんのう》皇子の高市皇子《たけちのみこ》を父に、天智天皇《てんじてんのう》皇女御名部内親王《みなべないしんのう》を母に持ち、藤原《ふじわらの》不比等《ふひと》の死後右大臣に、そして聖武《しょうむ》天皇即位とともに左大臣となり、皇親の代表として政権を担うこととなり、藤原氏にとっては疎ましい存在となっていた。

長屋王と藤原四兄弟（武智麻呂《むちまろ》・房前《ふささき》・宇合《うまかい》・麻呂《まろ》）とが対立するようになり、神亀《じんき》六年（七二九）二月、長屋王が密かに左道を学んで国家を傾けようとしているとの密告があり、それを受けて藤原宇合らの率いる六衛府の軍勢が長屋王邸を包囲し、長屋王は妻子とともに自害した。長屋王の変である。そして、長屋王が亡くなった後には不思議な出来事が起こった。『日本霊異記《にほんりょういき》』中巻「己が高徳を恃《たの》み、賤形《せんぎょう》の沙弥《しゃみ》を刑《う》ちて、もつて現に悪死を得し縁第一」には以下のように記されている。

天皇勅《みことのり》して、彼の屍骸を城の外に捨てて、焼き末《くだ》きて河に散らし、海に擲《す》てつ。唯親王の骨は土左《とさ》の国に流す。時に其の国の百姓死ぬるもの多し。云《ここ》に百姓患《うれ》へて官に解《げ》して言《もう》さく「親王の気に依りて、国の内の百姓皆死に亡《う》すべし」とまをす。天皇聞し皇都に近づけむが為に、紀伊の国の海部《あま》の郡の椒抄《はじかみ》の奥の島に置く。

「長屋親王」らの屍を城外に捨てて、焼き砕いて河に投げ散らし海に捨てたが、親王の骨だけは土佐国に流し、そのため土佐国では多くの人々が死んだ。そこで人々は親王の気が原因で多くの人々が亡くなったと報告し、そのため骨を少しでも都に近づけるため紀伊《きい》国海部郡椒抄の奥の島（有田市初島町）に置いたという。

私は拙著において、長屋王らの骨を焼き砕いて海に捨てたが、長屋王の骨だけが土佐国に流れ着いたと解釈したが、それはあまりに非現実的であるため、骨を配流《はいる》したというように解釈を変えておきたい。長屋王の屍は、実際には、妻の吉備内親王《きびないしんのう》の屍とともに生駒《いこま》山《やま》に葬られているが（『続日本紀《しょくにほんぎ》』天平《てんぴょう》元年二月甲戌〈十二日〉条）、なぜ一度は土佐国に流した骨を椒抄の奥の島に改めて置いたとする『日本霊異記』の記述がされるようになったのだろうか。

『日本霊異記』の編纂された九世紀初頭は、後に述べるように早良親王《さわらしんのう》の怨霊が問題となっていたときで、淡路《あわじ》に葬られた早良親王の骨は大和国《やまと》八嶋陵《やしまのみささぎ》に迎えられて改葬が行われた。これをもとに、いったんは土佐国に流された骨が同じ南海道で都により近い紀伊国に改めて埋葬されたという話が作られたのだろうか。

恐れられた長屋王の祟り

『日本霊異記』の長屋王怨霊説話は、それをそのまま事実と認めるわけにはいかないが、長屋王の祟りが恐れられていたことは他の史料からも裏づけることができる。長屋王が亡くなった後、安宿王《あすかべおう》・黄文王《きぶみおう》・円方《まどかた》女王《じょおう》ら長屋王の子だけが特別扱いされて急に位階が上昇していることが注目される。その背景には、天平七年から九年にかけての天然痘《てんねんとう》の流行により、藤原四兄弟が相次いで没したということがあった。それに対して聖武天皇はみずからの不徳を認め、諸社への奉幣《ほうへい》や護国経の転読などを行わせたが功を奏さず、長屋王の子女の位階昇叙がなされた。長屋王の変の当事者であった藤原四兄弟が相次いで亡くなったことは、長屋王の祟りを想起させるのに十分であった（寺崎保広『古代日本の都城と木簡』吉川弘文館、二〇〇六年）。また、光明皇后《こうみようこうごう》は燃燈供養を行って長屋王の菩提《ぼだい》を弔ったり、「五月一日経」書写を発願《ほつがん》して、長屋王に対する罪障の滅罪を意図していたと考えられる（寺崎保広『長屋王』吉川弘文館、一九九九年）。

このころの霊魂観を示す史料として注目されるのが、『続日本紀』養老《ようろう》六年（七二二）七月丙子（七日）条の記事である。旱魃《かんばつ》が収まらないことに対して、元正天皇《げんしようてんのう》は詔で「天下に赦《ゆる》して、国郡司をして審《つまび》らかに冤獄《えんごく》を録《しる》し、骼《かばね》を掩ひて胔《ししむら》を埋み、酒を禁《いさ》めて屠《ほふ》りを断たしむべし」と、放置されている白骨や遺骸があれば埋葬するように命じている。「掩㆑骼埋㆑胔」とは『礼記《らいき》』月令《がつりよう》孟春に基づく記述だが、無縁の死者の祟りが原因となって災異が起こるという考え方があったことがわかる。また『続日本紀』天平二年（七三〇）九月庚辰（二十九日）の勅では、「安芸《あき》・周防《すおう》国人ら妄《みだり》に禍福を説きて多くの人衆を集め、死ぬる魂を妖祠して祈る所有り」という行為を禁じている。「妖祠死魂」とは、死者の霊魂を利用して、禍福を予言する行為で、霊魂がこの世に影響を与える存在だとみなされていたことがうかがえる。

都市の発展と怨霊

史料的に確かめられる怨霊の初見としてはこの長屋王の怨霊が最初と言える。ならばなぜ長屋王が怨霊の初発となるのであろうか。その原因の一つとして、「都市」の発達ということが背景にあるのではないだろうか。平城京という都市は人工的に造られ、観念的にその外の世界とは区別されて、天皇に仕えるために貴族たちが集住している。貴族たちは何とか高位高官を得ようと画策し、権謀術数をめぐらしている。そうした中、策を弄することにより相手を追い落とすことができたとしても、心の中では自分の行為をすべて正当化することは不可能である。追い落とされた人物に対する自身の悔悟の念、周囲の人物の同情の心、それが周辺人物の死や災異の発生などと重なることにより、怨霊の存在を実感させるのであった。狭い都市空間において何か事件が発生したならば、それはたちどころに知られるところとなり、さまざまな噂が飛び交うことになる。整序だって建設された都市であるからこそ、わずかなほころびにも人々は恐怖におびえ、神の声を聞こうとするのではないだろうか。また、人が集住することにより、疫病がはやりやすくなり、その時原因を求めた際の「合理的」解釈として、怨霊を認識していったのではないだろうか。

怨霊におびえる藤原氏

藤原広嗣の怨霊

次に藤原広嗣《ふじわらのひろつぐ》の怨霊《おんりょう》について見てみたい。藤原広嗣（？—七四〇）は藤原宇合《うまかい》の長男で、天平《てんぴょう》十年（七三八）に大養徳（大和）守兼式部少輔となったが、親族への誹謗《ひぼう》を理由に翌年大宰少弐《だざいのしょうに》に左遷《させん》された。広嗣は左遷を不服とし、天地の災厄の元凶は吉備真備《きびのまきび》と僧の玄昉《げんぼう》であるとして非難し、天平十二年九月には北九州の豪族・農民ら一万人余を率いて反乱を起こしたが、大野東人《おおののあずまびと》を大将軍とする追討軍に敗れ、肥前《ひぜん》国松浦郡値嘉島《ちかのしま》で捕らえられ、唐津《からつ》で処刑された（藤原広嗣の乱）。この結果、広嗣の式家流は衰えて南家が台頭し、朝廷も動揺した。

荒ぶる広嗣の怨霊

広嗣が佞臣《ねいしん》として取り除こうとした玄昉は、その後藤原仲麻呂《なかまろ》が台頭すると、天平十七年（七四五）に筑紫観世音寺別当《つくしかんぜおんじべっとう》に左遷され、翌年亡くなった。そのことについて『続日本紀《しょくにほんぎ》』天平十八年六月己亥（十八日）条には、「世相伝えて云わく、藤原広嗣の霊のために害するところ」と記されており、『扶桑略記《ふそうりやっき》』にも「玄昉法師大宰小弐藤原広継の亡霊のためにその命を奪わる。広継の霊は今松浦明神なり」のように、玄昉が亡くなったのは藤原広嗣の霊魂の仕業《しわざ》であるとの風聞があったことを記している。『平家物語』巻第七還亡《げんぼう》でも、

彼広嗣は肥前の松浦より都へ一日におりのぼる馬を持ッたりけり。追討せられし時も、みかたの凶賊落ちゆき、皆亡て後、件《くだん》の馬にうち乗ッて、海中へ馳入けるとぞ聞えし。その亡霊あれて、おそろしき事共おほかりけるなかに、天平十六年六月十八日、筑前《ちくぜん》国御笠の郡太宰府の観世音寺、供養ぜられける導師には、玄房《げんぼう》僧正とぞ聞えし。高座にのぼり、敬白の鐘うちならす時、俄《にわか》に空かき曇、雷《いかず》ちおびたゝしう鳴ッて、玄房の上に落ちかゝり、その首をとッて雲のなかへぞ入にける。広嗣調伏《ちょうぶく》したりけるゆへとぞ聞えし。

と記され、広嗣の亡霊は調伏しようとした玄昉の首を取り、三年後にその頭蓋骨に「玄

房」と書いて興福寺《こうふくじ》の庭に落としたとしている。『今昔物語集《こんじゃくものがたりしゅう》』巻第十一「玄昉奏上亘唐伝法相語第六」ではさらに発展して、広嗣は高麗に逃れようとしたが果たすことができず、馬とともに海に入って亡くなったことを記している。そして、以下のように記されている。

其ノ後、広継悪霊ト成テ、且《かつは》公《おおやけ》ヲ恨奉リ、且ハ玄昉ガ怨《あた》ヲ報ゼムト為《す》ルニ、彼ノ玄昉ノ前ニ悪霊現ジタリ。赤キ衣ヲ着テ冠《こうぶり》シタル者来テ、俄ニ玄昉ヲ爴《つかみ》取テ空ニ昇ヌ。悪霊其ノ身ヲ散々ニ爴破テ落シタリケレバ、其弟子共有テ、拾ヒ集テ葬シタリケリ。其後、悪霊静ナル事无《な》カリケレバ、天皇極テ恐《おじ》サセ給テ、「吉備大臣ハ、広継ガ師也、速ニ彼ノ墓ニ行テ、誘《こしら》ヘ可掍《おこつるべ》キ也」ト仰セ給ケレバ、吉備宣旨ヲ奉、西ニ行テ広継ガ墓ニシテ、誘ヘ陳ジケルニ、其ノ霊シテ吉備殆《ほとほど》シク可被鎮《しずめらるべく》ナリケルヲ、吉備陰陽ノ道ニ極タリケル人ニテ、陰陽ノ術ヲ以テ我ガ身ヲ怖レ無ク固メテ、懃《ねむごろ》ニ掍《おこつり》誘《こしらえ》ケレバ、其霊止マリニケリ。

広嗣の悪霊は赤い衣を着て冠をつけて現れ、玄昉をつかんで空中にのぼり、玄昉のみを粉々にして落とした。そして鎮まることがなかったので、天皇もおびえ、広嗣の師である吉備真備に命じて広嗣の墓に行かせ、陰陽の術により鎮撫《ちんぶ》したところ、悪霊は鎮まったと

図1　藤原広嗣の怨霊を祀る鏡神社（奈良市高畑町）

記されている。

現在も祀られる広嗣

現在では、佐賀県唐津市の鏡山の麓に鎮座する鏡《かがみ》神社に広嗣は祀られており、九州では他にも北九州市八幡東区の荒生田《あろうだ》神社など広嗣を祀る神社が少なからずある。広嗣は年齢からしたら若死にしたわけではないが、玄昉が筑紫に流されたことは、広嗣の霊魂が呼び寄せたためであり、流された翌年に亡くなったことは広嗣の怨霊を想起させるのに十分だったであろう。

なお、奈良市高畑《たかはた》町の鏡神社や京都府木津川《きづがわ》市の御霊《ごりょう》神社でも広嗣が祀られており、前者に関しては、玄昉が開祖とされる福智《ふくち》院の境内にもとはあって、玄昉の弟子報恩《ほうおん》により建立《こんりゅう》されたとの伝承も持っている。

橘奈良麻呂の乱

次に怨霊の登場が噂されたのが、橘《たちばなの》奈良麻呂《ならまろ》（七二一？—七五七）である。橘奈良麻呂は橘諸兄《もろえ》を父に、藤原不比等《ふひと》の娘を母に持ち、聖武天皇《しょうむてんのう》のもと左大臣にまで昇った。しかし、聖武天皇が譲位して孝謙天皇《こうけんてんのう》が即位すると、藤原仲麻呂が重用されて急速に台頭してくる一方、橘諸兄親子の勢力は次第に衰えていった。諸兄が亡くなり聖武天皇も崩御すると、仲麻呂はいっそう権勢を振るうようになり、そうした仲麻呂を排除しようと奈良麻呂は天平宝字《てんぴょうほうじ》元年（七五七）に黄文王《きぶみおう》・道祖《ふなど》王《おう》・大伴古麻呂《おおとものこまろ》ら不満を持つ者たちを集めて挙兵しようとした。しかし計画は密告されて知られるところとなり、奈良麻呂らは捕らえられ厳しい訊問を受け、黄文王・道祖王・古麻呂は拷問に耐えかねて絶命し、奈良麻呂も拷問死したようである。天平宝字元年七月甲寅（八日）の勅では、橘奈良麻呂の乱に際し、奈良麻呂に与同して獄死した者に託して、「民間或いは亡魂に仮託し、浮言紛紜《ふんうん》として、郷邑を擾乱する者あり。軽重を論ぜず、皆与同罪」と、浮言を禁じている。橘奈良麻呂の怨霊をはっきり語る史料はないが、奈良麻呂の怨霊だと称してさまざまなことを語る人々が存在したことを示している。

この記事は、怨霊とはどのような場合に登場してくるのかということが広範囲に認識されていたことを示している。すなわち、為政者によって非業《ひごう》の死を遂げざるを得なかったり、配流《はいる》されて配流地において亡くなった人々は怨霊となって祟ると考えられていたのである。そして怨霊化する人物は、人々からその死に対して同情を得ることが必要であった。すなわち、誰から見ても殺された人物に非があるとみなされるときは、その人物が怨霊化することはないのである。そして、怨霊の矛先《ほこさき》はみずからを死に追いやった人物に向けられるのであるが、それだけでなく、怨霊は災害を引き起こし、関係ない第三者に対してもその「気」により危害を加えるものとみなされていたのである。

淳仁天皇

淳仁天皇《じゅんにんてんのう》（七三三―七六五）は天武天皇《てんむてんのう》の皇子舎人親王《とねりしんのう》の第七皇子で、当《たい》麻山背《まのやましろ》を母に持つ。藤原仲麻呂の強い推挙により立太子し、天平宝字二年（七五八）孝謙天皇から譲位され即位した。淳仁天皇は仲麻呂を重用し、さらには仲麻呂の後見人である光明皇后《こうみょうこうごう》が強い力を握っていた。しかし、天平宝字四年に光明皇后が亡くなると仲麻呂は庇護《ひご》者を失う一方、孝謙上皇は道鏡《どうきょう》と接近し政治を左右するようになった。そのため道鏡を排除しようと仲麻呂は反乱を起こすが（恵美押勝《えみのおしかつ》の乱）、乱は平定されて処刑された。そして、天平宝字八年十月九日に天皇は廃帝とされ、母の山背とともに淡路に幽閉され、孝謙は重祚《ちょうそ》して称徳天皇《しょうとくてんのう》となった。また、淳仁の兄弟である船《ふね》親王は隠岐《おき》国へ、池田《いけだ》親王は土佐国に流された。

その後、水旱《すいかん》が起こったりし、『続日本紀』天平宝字八年十月己卯（十六日）の勅では、「頃年《けいねん》水旱、荐《しき》りに豊稔を失う。民或いは飢乏し、よってもって軍を興こす」とあるが、その原因については記されていない。一方、『水鏡《みずかがみ》』称徳天皇の項には、

> 同（天平宝字）九年に淡路廃帝国土を呪ひ給ふによりて、日てり、大風吹きて世の中わろくて、飢ゑ死ぬる人おほかりきと申し合ひたりき。

というように、淳仁が呪ったことにより災異が起きたという噂があったことを記している。これは淳仁の生霊のなせるわざと考えられたのだろう。しかし称徳天皇はこの段階では意に介さなかったようであり、淳仁天皇のことを「配流彼国罪人」「淡路仁侍坐須人」と呼んでいる。淳仁天皇は即位していながら、称徳天皇の意向により廃帝または淡路廃帝《あわじのはいたい》と呼ばれ、淳仁天皇と呼ばれるようになるのは明治三年（一八七〇）になってからである。そして明治六年には、都から離れた地で亡くなった天皇の霊魂を都に呼び戻して祀り鎮魂しようとする政府の方針の下、崇徳天皇を祀る白峯神宮《しらみねじんぐう》に合祀《ごうし》されたのである。

ところで、淳仁天皇には、逃亡を企てているとの噂や、再び皇位につけようとする動き

があり、称徳天皇はそれらを常に警戒していた。称徳天皇は天平神護元年（七六五）十月十三日から紀伊《きい》方面に行幸し、十九日には淡路島の見える玉津嶋に至った。そして二十二日には、淳仁は幽憤に堪えきれず、垣を越えて逃れようとするがとらえられ、翌日没したとされる。称徳天皇は淡路島を目にして、いつ徒党《ととう》を組んで反旗を翻すかわからない淳仁のことが脳裏をかすめ、廃帝を亡き者にする命を下したと推測できる。それを裏づける事象として、翌年三月二十六日には、淡路国守であった佐伯宿禰《さえきのすくね》助《たすく》は山背介に、掾であった高屋連《たかやのむらじ》並木《なみき》は遠江《とおとうみ》大掾《だいじょう》に栄転している。

一方、天平神護《てんぴょうじんご》元年十月甲申（二十六日）条では、「和泉《いずみ》国日根《ひね》郡深日行宮に到る。時に西方暗瞑にして、風雨常と異なる」のように、淳仁天皇が亡くなったあと、淡路島の上空が暗くなり、尋常ならざる風雨が巻き起こったことを記している。こうした異変は淳仁の憤死に関わる現象であると認識されていたに違いない。

淳仁天皇の怨霊はその後しばらく登場せず、神護景雲《じんごけいうん》四年（七七〇）八月四日に称徳天皇は亡くなるが、その死に関して淳仁天皇の怨霊と関わらせる史料はない。しかし、鎮魂されていたわけではなく、宝亀《ほうき》三年（七七二）になると淳仁の怨霊が再び頭をもたげてくる。『続日本紀』宝亀三年八月丙寅（十八日）条では、従五位下三方王・外従五位下土師宿禰和麻呂及六位已下《いか》三人を遣わして、廃帝淡路に改葬す、よって当界衆僧六十口を屈して、設斎行道す、又当処年少稍浄行ある者二人を度して、常墓側に廬し、功徳を脩さしむ、

と記されており、淡路廃帝の墓が改葬され、淡路国の僧六十人を招いて供養をし、年少の浄行者二人を常に墓のそばに住まわせて読経などをさせることになった。宝亀三年は不安定な年で、三月には井上内親王《いがみないしんのう》・他戸親王《おさべしんのう》が「巫蠱《ふこ》」を理由に廃されるという重大な事件が起こった。このことについては後に述べたい。さらには、八月六日には異常風雨が起こったことを卜《ぼく》したところ、伊勢月読神《いせつくよみのかみ》の祟りであるとの結果が出て、毎年九月に馬を奉じ、さらには伊勢神宮寺を移すといった対処がとられている。

そして、宝亀九年三月己巳（二十三日）条では、

勅して、淡路親王墓をよろしく山陵と称し、その先妣《せんぴ》当麻氏墓を御墓と称し、随近の百姓一戸を充ててこれを守らしむべし、

とあるように、これまで廃帝と呼んでいたのを淡路親王とし、さらには墓を天皇陵に列して「山陵」とし、その母親である当麻山背の墓を「御墓」と呼び、名誉を回復することによって霊魂を鎮撫している。大宝・養老令の下では、即位した天皇の墓だけを「陵」と称

し、それ以外の墓は三后（皇后・皇太后・太皇太后）・皇太子のものもすべて「墓」としていたが、八世紀後半には「孝」の観念が強調され、皇太后・太皇太后・天皇の父母などの墓を「御墓」と称することが一時的に行われた（北康宏「律令国家陵墓制度の基礎的研究」『史林』七九―四、一九九六年）。

光仁天皇《こうにんてんのう》は、現世に怨みをもって亡くなっていったと想像される淳仁天皇とその母の霊魂を鎮撫することにより、病気平癒を祈願したのであった。このとき、大祓《おおはらえ》や伊勢大神宮をはじめとする天下諸神にも奉幣《ほうへい》が行われたほか、畿内諸界で疫神を祀らせていることから、次第に怨霊の祟りと疫神とが関連あるものとみなされていったことがうかがえると同時に、まだ両者は別個の存在であったことが確認できる。

井上内親王・他戸親王の死

井上内親王（七一七―七五）は、首《おびと》皇太子（聖武）の第一皇女として誕生し、斎王を二十年あまりつとめたが、弟安積親王《あさかしんのう》の死により帰京することとなった。その後白壁王《しらかべおう》（光仁）の妃となり、宝亀元年（七七〇）に光仁天皇が即位すると皇后となり、翌年一月二十三日には息子の他戸親王が立太子された。そして、これを支えていた北家藤原永手《ふじわらのながて》が亡くなると、式家の良継《よしつぐ》と弟の百川《ももかわ》が権力を握り、山部王《やまべおう》（桓武《かんむ》）を擁立しようとした。

そうした中、宝亀三年三月二日、井上内親王は「巫蠱」を行い光仁天皇を呪詛したとして皇后を廃され、五月二十七日には他戸親王も皇太子を廃され「庶人（一般の人）」とされた。「巫蠱」とは、種々の悪虫を一つの容器の中に入れて互いに共食いさせ、生き残った一匹（蠱毒）を相手に飲ませたり、相手の家の敷地に埋めたりすることによって、相手を死に至らしめるまじないのことである。また、『水鏡』では他戸皇太子の一日も早い即位を望んで夫光仁の命を縮めようと呪ったと記されている。一方、他戸親王は暴虐であったため廃されたという認識もあり、そのため名誉回復時には両者で差異があった（榎村寛之「元・斎王井上内親王廃后事件と八世紀王権の転成」『国立歴史民俗博物館研究報告』一三四、二〇〇七年）。この廃后・廃太子の一件については、藤原良継・百川がその背後にいたことは『公卿補任《くぎょうぶにん》』に載せる藤原百川伝などからも明らかである。

宝亀四年十月十九日には、井上内親王は他戸親王とともに大和国宇智郡の没官宅《もつかん》に幽閉された。宇智郡には藤原武智麻呂創建の栄山寺があることから、両者を藤原氏の勢力下に置こうとしたものと考えられる。そして、宝亀六年四月二十七日に両者ともに亡くなった。二人同時に亡くなるという状況から、暗殺されたか服毒自殺したのではないかと言われている。

図2　井上内親王宇智陵（奈良県五條市御山町）

こうした亡くなり方は怨霊の登場を予感させるのに十分だった。『続日本紀』宝亀八年（七七七）十二月乙巳（二十八日）条には「井上内親王を改葬し、その墳を御墓と称し、守冢《しゅちょう》一烟を置く」とあるように、改葬され、墳墓を「御墓」と称するようにし、墓の管理を手厚くするようにして名誉回復が図られた。また、九年正月二十日にも改葬された。現在、その陵墓は奈良県五條《ごじょう》市御山町の宇智陵に比定されている。

頻発する災異

宝亀七年から八年にかけてはさまざまな災異が起こっており、二十日間以上にわたって、夜ごと京中に瓦・石・塊が降ってきたり（『続日本紀』宝亀七年九月是月条）、宮中に妖怪が現れたりした（『続日本紀』宝亀八年三月辛未〈十九日〉条）。その上、光仁天皇・山部親王の病気が重なり、大般若経《だいはんにゃきょう》転読や諸社への奉幣を行っても、鎮まることはなかった。藤原百川によって、廃后、他戸親王廃太子から山部親王立太子が画策され、光仁天皇に働きかけられたことから、光仁・山部にしてみれば、自分たちの病気は、「巫蠱」を行ったとして死に追いやられた井上・他戸の祟りであると感じたに違いない。宝亀十年六月辛酉（二十三日）条では、「周防《すおう》国周防郡の人外従五位上周防凡《おおし》直葦原《あしはら》が賤男公《やつこおきみ》、みずから他戸皇子と称し、百姓を誑惑す、伊豆国に配す」と見え、それにつけ込んで世を惑わす人物が処罰されていることから、他戸親王の非業の死を悼む人々が少なからず存在し、それにともない社会の動揺を招きかねない状況にあった。七月九日には藤原百川が四十八歳の若さで亡くなっているが、このことに光仁・山部は怨霊の仕業であるとして恐怖を抱いたであろう。

また『水鏡』光仁天皇の項には怨霊と関連してさまざまな災異が起こったことを記している。

同（宝亀）六年四月廿五日井上皇后うせ給ひにき、現身に龍になり給ひにき、佗戸《おさべ》親王もうせ給ひにきといふ事、世に聞え侍りき。同七年九月に、二十日ばかり夜毎に瓦、石、塊降りき、つとめて見しかば、屋の上にふり積れりき。同八年冬雨も降らずして、世の中の井の水みな絶えて、宇治川の水既に絶えなんとする事侍りき。十二月に百川が夢に、甲冑を着たる者百余人来りて、我を求むとたびたび見えき。又帝、東宮の御夢にも、かやうに見えさせ給ひて、悩ましく思されき。これ皆井上の后、他戸の親王の霊とおぼして、帝深く憂へ給ひて、諸国の国分寺にて、金剛般若経を読ましめさせ給へりき。同九年二月に他戸親王いまだ世におはすといふ事を、或人帝に申しき。

井上内親王は龍となったことが記されていることがまず注目される。安徳天皇のところで述べるが、龍は現世とは違う世界にあって、現世の人物に襲いかかってくる存在であった。井上内親王・他戸親王の怨霊は、光仁・山部を苦しめたほか、瓦を降らせたり水を枯らせたりし、さらには当人がまだ生存していて災異をもたらしているとの噂もされた。

これらのことから、ある人物によって死に追いやられ、この世に怨みを残して死んでいったに違いないと推測される人物の霊魂は、その当事者に祟るという考え方は確固たるものとなっていることがわかる。そして、その怨霊は当事者に祟るだけでなく、さまざまな災異を引き起こすと認識されていた。しかし、怨霊の存在を認めるのは、災異や病気が、神仏への祈願や大赦などの儒教的徳治政策を行っても鎮まることがないときの最終手段で

図3　井上内親王・早良親王・他戸親王の怨霊を祀る御霊神社（奈良県五條市霊安寺町）

あった。それは、怨霊の存在を認めることは、みずからの過ちを認めることにつながるからである。

鎮魂の寺社

五條市霊安寺《りょうあんじ》町に所在した霊安寺は現在は満願寺に合併されているが、井上内親王と他戸親王が幽閉された宇智郡の没官宅の跡と伝えられ、井上内親王・他戸親王の霊を慰めるために建てられた寺である。『日本後紀《にほんこうき》』延暦《えんりやく》二十四年（八〇五）二月六日条には、一小倉を霊安寺に造ったことが記されており、「神霊の怨魂を慰めるため」に稲や調の綿、庸の綿などがその倉に納められた。また五條市には御霊神社が点在しているが、その本宮である霊安寺町の御霊神社には井上内親王・早良親王・他戸親王が祀られ、平安後期の作とされる御霊大明神坐像（女神像）を蔵しており、長禄二年（一四五八）の「霊安寺御霊大明神略縁起」などによると、桓武天皇勅願により創始されたとされている。

井上内親王・他戸親王の怨霊は宝亀年間（七七〇―八一）の後しばらくは見られないが、早良親王怨霊の鎮魂と関連して、延暦十九年に再び登場し、皇后号が追称された。さらに『日本紀略《にほんきりやく》』大同四年（八〇九）七月丁未（三日）条では、使を井上内親王の陵である吉野山陵に遣わし、陵内を掃除して読経《どきょう》を行っているが、これは日照《ひで》りが続いたことが吉野山陵の祟りであるとみなされたからであった。また、『日本後紀』弘仁元年（八一〇）十二月甲申（十八日）条にも吉野陵に僧七口を遣わして読経を行ったことが記されている。ここで注意しなければならないことは、旱魃《かんばつ》の原因が山陵の祟りに求められている点である。死者の霊魂が、死に追い込んだ当事者に祟るばかりでなく、社会にも害を及ぼす存在であると認識されているのである。

平城京から平安京へ

早良親王の非業の死

天応《てんおう》元年（七八一）光仁天皇《こうにんてんのう》が病に倒れると、山部親王《やまべしんのう》への譲位が行われ、山部は四月三日に践祚《せんそ》、四月十五日に即位が行われた。桓武天皇《かんむてんのう》である。即位の翌日ただちに皇太子として早良親王《さわらしんのう》（七五〇？—八五）が立てられた。桓武と早良はともに光仁天皇を父に、高野新笠《たかののにいがさ》を母に持っていた。

延暦《えんりゃく》三年（七八四）桓武天皇は平城京から長岡京へ遷都した。このとき桓武天皇の信頼の厚かった藤原種継《ふじわらのたねつぐ》が造長岡宮使に任命されて準備が行われたが、平城京において怪事件が頻発し、長岡京遷都に反対する勢力が少なからずいたことがわかる。

翌年九月二十三日、種継は長岡京造宮監督中に矢を射抜かれ、翌日に亡くなった。桓武

図4　早良親王が幽閉されていた乙訓寺（京都府長岡京市今里）

天皇は激怒し、暗殺に関わった人物として大伴継人《おおとものつぐひと》・大伴竹良《ちくら》ら十数名が捕らえられ、首を斬られたり流されたりした。実行犯の近衛伯耆桴麿《ほうきのいかだまろ》と中衛牡鹿木積《おがのきづみ》麿《まろ》は見せしめのために山崎橋南のたもとで処刑されるなど、桓武天皇のこの事件に対する対応は厳しいものであった。前年に死去した大伴家持《やかもち》も首謀者として官籍から除名された。そして、大伴継人・佐伯高成《さえきのたかなり》は、桓武天皇を退位させ、早良皇太子を即位させるための企てであったことを自白した。そのため、早良は事件の首謀者とみなされ、廃嫡《はいちゃく》されて乙《おと》訓寺《くにでら》に幽閉された。そして、早良は朝廷により飲食を停止されるものの、無実を主張して十八日間近くも耐え、船で淡路に移送される途中、高瀬橋（淀川）のあたりでついには没し、屍は都に戻されることなく淡路に葬られた。

そして早良親王にかわって十二歳の安殿親王《あてしんのう》（平城天皇）が皇太子となった。しかし、早良親王が亡くなって以来不幸なできごとが桓武天皇の周辺で相次いだ。桓武天皇の夫人で藤原百川《ももかわ》の娘の旅子《たびこ》が延暦七年（七八八）五月に三十歳で亡くなり、翌年十二月には桓武の母高野新笠が亡くなった。そして延暦九年閏三月には桓武の皇后で安殿親王の母藤原乙牟漏《おとむろ》が三十一歳の若さで亡くなった。さらには安殿親王はもとから体が弱かったらしく病気がちで、桓武天皇は近親者の相次ぐ死や安殿親王の病気などに悩まされ、その原因を早良親王の祟りに帰結させるに至ったのである。

桓武天皇に忍び寄る怨霊

早良親王の怨霊に対する対応がはっきり確認できるのは、延暦九年（七九〇）のことである。おそらくは高野新笠が亡くなった直後に、淡路島《あわじ》にあった早良親王の墓に守冢一烟《しゅちょういちえん》すなわち墓守が置かれ、墓の周りには堀がめぐらされ、ケガレから遠ざけようとした。これはそれまで墓を守る人もいなかったため荒れるに任せ、祟りが生じたことによる（『日本紀略《にほんきりゃく》』延暦十一年六月庚子〈十七日〉条）。また、延暦九年閏三月十六日の皇后乙牟漏薨去《こうきょ》にともなう大赦によって、親王号を復されたものと思われる。九月三日には皇太子安殿親王が病気のため京下七大寺で誦《ず》経《きょう》が行われており、こうしたことも早良親王の怨霊によるものとみなされた。

延暦九年秋冬には、京畿の男女三十歳以下の者にことごとく豌豆瘡《えんどうそう》（裳瘡《もがさ》）が流行し、死亡する者が多かった。これを受けて、疫病退散のために民衆は牛を殺して漢神《からかみ》を祀り、怨霊を慰めようとした。『続日本紀《しょくにほんぎ》』延暦十年九月甲戌（十六日）条では、伊勢《いせ》・尾張《おわり》・近江《おうみ》・美濃《みの》・若狭《わかさ》・越前《えちぜん》・紀伊《きい》などの国の百姓が牛を殺して漢神を祀ることを禁じている。民衆の間で怨霊の祟りを鎮める祭が行われ、国家はそれに対して、国家の安寧を損ねる行為につながることを恐れ、禁圧を加えているのである。人々の間で具体的に何が祀られていたのかは不明だが、京の東の諸国で北から南に亘って一時期に漢神を祀っていることから、西から広がってきた疱瘡をくい止めようと各地で祀られたのではないだろうか。ここにおいて怨霊と疫病とが次第に結びついていったと言えよう。

延暦十一年六月には、神祇官の卜占《ぼくせん》により、安殿親王の病気は早良親王の祟りであるとの結果が出た。『日本紀略』延暦十一年六月癸巳（十日）条には、「皇太子久しく病す。これを卜うに、崇道天皇《すどうてんのう》祟りをなす。諸陵頭《しょりょうのかみ》調使王《つきのおう》らを淡路国に遣わし、その霊に謝し奉る」と記されている。六月二十二日には暴風雨により長岡京の式部省南門が倒壊し、八月には大雨洪水が起こり、このころから桓武天皇は長岡京廃止を決意した。それは早良親王の怨霊から逃れるためであったと推測される。

怨霊の渦巻く長岡京を捨て、平安たることを望んで建設した平安京であったが、桓武天皇は怨霊から逃れることはできなかった。遷都直前の延暦十三年五月二十八日には、皇太子安殿親王妃帯子《おびこ》が頓逝し、延暦十六年五月十九日には、怪異が発生したため、禁中《きんちゅう》と東宮《とうぐう》で金剛般若経《こんごうはんにゃきょう》の転読が行われたが、その翌日には崇道天皇の霊に謝するために僧二人が淡路国に派遣され、転読悔過《けか》が行われているので（『日本紀略』）、怪異の原因も崇道天皇の霊の祟りに帰着されたものと思われる。『水鏡《みずかがみ》』桓武天皇の項では、

同（延暦）十七年三月に勅使を淡路の国へつかはして、早良の親王の骨を迎へ奉りて、大和《やまと》の国八嶋《やしま》の陵《みささぎ》にをさめ給ひき。この親王流され給ひて後、世の中疫病おこりて、人多く死にうせしかば、帝驚き給ひて、御むかへに、二度まで人を奉り給ひし、みな海に入り、浪にただよひて、命を失ひてき。第三度に親王の御舅の宰相五百枝《いおえ》を遣はしき。殊に祈りこひて、平らかに行きつきて、わたし奉りしなり。七月二日田村の将軍清水の観音をつくり奉り、又わが家を毀ちわたして、堂に建てき。同十九年七月己未の日、帝おぼす所ありとのたまひて、前東宮早良親王を崇道天皇と申し、又井上内《いがみない》

親王《しんのう》を皇太后とすべき由《よし》仰せられき。各々おはしまさぬあとにも、恨の御心をしづめ奉らん、と思しめしけるにこそ侍るめれ。

と、早良親王の霊の祟りと疫病の流行とを関連づけている。『水鏡』の記事を額面通り信頼することはできないにしても、天皇の周辺の人物が病気に悩まされ、さらには災異が相次ぎ、有効な対策が施されない中で、その原因を政争で無実の罪を着せられていった者の霊の祟りに求めることは、人間の心理上当然のことであろう。しかしそれを正史に記載することは、天皇の非を認めることであり、さらには律令《りつりょう》国家を動揺させることにもつながる。ゆえに特に桓武天皇が自己の治世の半ばまでを編纂させた『続日本紀』では、早良親王の廃太子に関する記事を削除させ、ましてや怨霊の祟りについてはまったく触れていない。桓武天皇による北方での蝦夷平定のための遠征、そして都の造営は人々の不満のもととなっており、桓武自身も頭を痛めていたことであろう。そこへ早良親王の怨霊が加わり、桓武は律令国家の動揺を感じていたに違いない。

鎮魂の日々

その後、延暦十八年（七九九）二月十五日には、安殿親王の平癒を願って春宮亮大伴宿禰是成《おおとものすくねこれなり》、伝燈大法師位泰信《たいしん》らが淡路へ派遣されて、早良親王の霊に奉幣し謝している（『日本後紀《にほんこうき》』延暦十八年二月己丑〈十五日〉条）。そして延暦十九年七月二十三日には、井上内親王に皇后が追称されるのと同時に、早良親王に崇道天皇の号が奉られ、墓は山陵と称され、陰陽師や僧が派遣されて鎮謝された（『類聚国史《るいじゆこくし》』巻二十五帝王五追号天皇、延暦十九年七月己未〈二十三日〉条）。即位していないのに天皇号が追称されるのは、自身の子が天皇となった場合は前例があるが、そうでない場合では今回が初めてである。このことからも、桓武がどれほど早良親王の怨霊を恐れていたかうかがえよう。

桓武天皇の病気が重くなった延暦二十四年には、早良親王に対する措置が次々と講じられていく。淡路国に寺（常隆寺）が建立されたり、諸国の諸寺塔が修理されたり（『日本後紀』延暦二十四年正月甲申〈十四日〉条）、崇道天皇のために諸国に小倉を建て、そこに正税四十束を納めさせ、さらに国忌と奉幣を行って怨霊に謝している（『日本後紀』延暦二十四年四月甲辰〈五日〉条）。このとき諸国に設けられた小倉は、郡ごとに設けられたようである（『権記《ごんき》』長保三年〈一〇〇一〉三月十八日条）。御倉は後には崇道社として神社化し、西国に分布し、現存する社も少なくない（牛山佳幸『〈小さき社〉の列島史』平凡社、二〇〇〇年）。「怨霊」という言葉の初見は、この『日本後紀』延暦二十四年四月甲辰条であるが、崇道天皇御倉が各地に建立されたことは、怨霊の存在を各地に広げ、民衆にまで知らしめ

図5　崇道天皇八嶋陵（奈良市八島町）

るのに大きな影響を与えたと推測される。

この後、早良親王のための一切経書写や、諸国国分寺僧に命じての金剛般若経の読経、種継暗殺に関わったとされる五《い》百枝王《おえのおおきみ》・氷上川継《ひがみのかわつぐ》・藤原清岡《きよおか》などの復位が行われたりしたが、桓武天皇の病気は回復することなく、大同元年（八〇六）三月十七日に亡くなった。このときにも、『日本後紀』には「この日血あり。東宮寝殿の上に灑《そそ》ぐ」のように、安殿親王にも早良親王の怨霊が降りかかっていると思われる記述がされている。そのため、十一月には、早良親王の遺骨を持ち帰って納められた大和国添上郡八嶋陵に伽藍《がらん》が建立《こんりゅう》され、八嶋寺と称され、国

図6　崇道天皇社（奈良市西紀寺町）

家による手厚い保護がなされた。この八嶋陵は、天皇陵の中でも重視された存在で、延暦二十四年七月二十七日には、山科《やましな》（天智）・後《のちの》田《た》原《はら》陵（光仁）と並んで、唐物が献じられ（『日本後紀』延暦二十四年七月甲午〈二十七日〉条）、承和《じょうわ》六年（八三九）十二月十三日にも後田原（光仁）・楊梅《やまもも》（平城）・柏原《かしわばら》（桓武）・長岡山陵（藤原乙牟漏）と並んで唐物が奉られている（『続日《しょくに》本後紀《ほんこうき》』承和六年十二月辛酉〈十三日〉・庚午〈二十二日〉条）。そして、天安二年（八五八）十二月九日に定められた十陵四墓の内に入り、後々まで重視された。

また、崇道天皇陵にほど近い八島山西麓の嶋田神社や奈良市西紀寺町の崇道天皇社などでも早良親王の御霊が祀られている。そして、平安京において行われた御霊会においても、早良親王の怨霊は御霊の一つとして加わり、人々の記憶に長くとどめられたのである。

怨霊の大衆化

貞観御霊会と民衆のちから

神の祟り

天皇の不予《ふよ》（病気）や災異の発生は、一般に神の意志の示現である「祟《たた》り」によるものだと解釈され、七世紀後半までの神の祟りは個人に対して現れるもので、災異として社会全体に危害が及ぶ性格のものではなかった。それが七世紀末になると、律令の導入に影響され、災異を国家が集中的に管理して徳政的対応をとるようになった。中国からの影響により災異が天皇の不徳により起こるとみなされ、天に対して災異の終息を願うということが行われるようになった。しかし八世紀後半になると、神の祟りの記事が再び頻出するようになり、神は「人格」を持ち、道理に合わないことが起きると、祟りを発生させる存在だと認識されるようになった（松本卓哉「律令国家における災異思想」黛《まゆずみ》弘道編『古代王権と祭儀』吉川弘文館、一九九〇年）。災異が発生した場合、その原因が何かわからないと、人々は非常に不安に感じる。災異の発生を神の祟りに原因を求めることは、人々を安心させることにつながり、当時の科学であった。

神泉苑での御霊会

貞観《じようがん》五年（八六三）五月二十日に京都神泉苑で行われた御霊会《ごりようえ》は、朝廷によって主催された最初の御霊会であり、当時蔓延《まんえん》していた疫病の原因を御霊に求めたものである。さらには、人を神として祀っており、神観念の転換を示すものとしても注目される。奈良時代までの神々は、神の職能には分化があっても、神格の特殊性はあまり認められず、人格的要素は少なかった。それに対して平安時代の神は、人格的な神として人間的に表現されるようになり、そのことを背景に人間が神として祀られるようにもなった。

それでは『日本三代実録《にほんさんだいじつろく》』に記された御霊会について見てみよう。その概要を示せば以下のとおりである。

神泉苑で御霊会を行うにあたり、朝廷から使者を派遣して監事させ、貴族たちは多数見に集まった。霊座が六座設けられて供え物がされ、律師の恵達《えだつ》が講師をつとめ、金《こん》光明経《こうみようきよう》一部と般若心経《はんにやしんぎよう》六巻を唱え、雅楽寮の伶人《れいじん》が楽を奏し、帝の近侍《きんじ》の児童や良家の稚児《ちご》が舞人となって大唐や高麗の楽を舞った。さらに雑伎や散楽がそのわざを競った。この日、宣旨が下されて、神泉苑の四つの門が開かれ、都の人々が自由に出入りして見ることができた。いわゆる御霊とは崇道天皇《すどうてんのう》・伊予親王《いよしんのう》・藤原夫人（吉子《よしこ》）・観察使（藤原仲成《ふじわらのなかなり》）・橘逸勢《たちばなのはやなり》・文室宮田麻呂《ふんやのみやたまろ》などである。みな政治的事件に関与したとして罪を着せられ、怨みを残して亡くなった人々である。近頃疫病が頻発しており、亡くなる人も多数に及ぶ。多くの人々はこれを御霊の仕業だと思っている。こうしたあり方が京・畿内から地方へ広がり、夏から秋にかけて「御霊会」と称する風物となった。そして、一方では仏を敬い経を説いたりし、一方では歌い舞い、小児を着飾らせて弓を射たり、屈強の人物が相撲《すもう》を取ったり、騎射をしたり、走馬で勝負を争ったり、俳優が芸を披露したり、遞送《ていそう》を誇り競ったりしている。そして、それを見るために息が苦しいほど人が群衆し、都から遠いところでも近いところでも、一種の習俗となっている。今春は流行性の感冒《かんぼう》により死亡する人が多かったので、朝廷でもこの御霊会を行うことにより、疫病が鎮まることを願った。

この年は五穀が不作であり、百姓は疲弊して疫病も頻発していたため、大祓《おおはらえ》、七道諸国名神への奉幣《ほうへい》、伊勢神宮《いせじんぐう》への奉幣、護国経《ごこくきょう》の転読および書写などが立て続けに行われ

図７　御霊会が行われた神泉苑（京都市中京区）

た。しかしそれにもかかわらず、いっこうに鎮まる気配がなかった。そこで最終手段として催されたのが御霊会であった。畿外から畿内へ、さらには平安京へと伝わってくる疫病が、流罪《るざい》となって流刑地で亡くなっていった朝廷にとっての反逆者の冤魂《えんこん》と重ね合わされた結果、冤魂が疫病をもたらすとみなされ、御霊会が行われたのである。御霊会においては、怨霊《おんりょう》を「御霊」と呼んで、霊魂を丁重に扱い、鎮魂してくれることを願ったのであった。

地方から中央へ

この御霊会の発生については、地方より都市に持ち込まれ展開したものであって、地方村落に本来の基礎を持った疫神祓除《えきじんばつじょ》に関する伝来の信仰と祭儀のうえに、貴族文化を受け入れた華麗な都市的様相を持つ新しい祭礼形態が生み出されたのであり、崇道天皇以下六人の怨霊こそ疫病流行の原因であるとの説が、いつしか平安京の住民の間に行われるに至ったと理解されている（高取正男「御霊会の成立と初期平安京の住民」柴田實編『御霊信仰』雄山閣、一九八四年）。御霊会ははじめ貴族の信仰から起こったのではなく、京畿内の民衆の側から生まれ、やがて貴族たちをまきこむことになったのであった（井上満郎「御霊信仰の成立と展開」柴田實編『御霊信仰』）。

近年疫病が頻発しており、死亡する者がはなはだ多いのに対し、人々はみなこれは御霊のせいであるとした。そうしたあり方が京・畿内から地方へ広がり、夏から秋にかけて「御霊会」と称する風物となった。そして、一方では仏を敬い経を説いたりし、一方では歌い舞い、小児を着飾らせて弓を射たり、屈強の人物が相撲を取ったり、騎射をしたり、走馬で勝負を争ったり、俳優が芸を披露したり、逓送を誇り競ったりしている。そして、それを見るために息が苦しいほど人が群衆し、都から遠いところでも近いところでも、一種の習俗となっていると『日本三代実録』の筆者は指摘している。御霊を前にして、種々の芸能を行うことにより、慰撫しようとしていたのである。そして、今春は流行性の感冒のため死亡する者が多かったので、朝廷でもこの御霊会を採用して行うことにしたと解釈できよう。そのため、貞観御霊会でも、経典の講説や楽人による演奏や舞人によるさまざまの舞、雑伎や猿楽などが行われているのである。

御霊会で祀られた人々

貞観御霊会で御霊として祀られた人物はどのような経緯を持つ人物であろうか。崇道天皇（早良親王《さわらしんのう》）についてはすでに述べた。伊予親王（?—八〇七）は、桓武天皇《かんむてんのう》の第三皇子で、母は藤原南家藤原是公《これきみ》の娘吉子《よしこ》（?—八〇七）である。大同《だいどう》二年（八〇七）、藤原式家《しきけ》の出身である藤原仲成によって謀反《むほん》の嫌疑がかけられ、反逆の首謀者であるとして、母で桓武天皇夫人の藤原吉子とともに川原寺《かわらでら》（弘福寺《ぐふくじ》）に幽閉され、絶食した後、毒を飲んで自害した。後に両者は怨霊として認識され、吉子は弘仁《こうにん》十年（八一九）に復位し、承和《じょうわ》六年（八三九）従《じゅ》二位が贈られた。また伊予親王に対しては、承和六年に一品《いっぽん》が追贈された。

藤原仲成（七七四—八一〇）は、藤原種継《たねつぐ》を父に、粟田道麻呂《あわたのみちまろ》の娘を母に持つ。延暦四年（七八五）種継が暗殺されたため、年少ながら従五位に叙された。妹の薬子《くすこ》が平城天皇《へいぜいてんのう》の寵愛を受けたため重用され、権勢を誇ったが、陰険で専横な振る舞いが多かったため人々から憎まれ、大同二年には藤原吉子・伊予親王母子を無実の罪に陥れた。大同四年、平城天皇が嵯峨天皇《さがてんのう》に譲位すると、権勢の失墜を恐れた仲成・薬子兄妹は上皇とともに平城京に移り、上皇の重祚《ちょうそ》を画策して二所朝廷の対立を招いている。大同五年九月、嵯峨天皇が仲成を捕らえて射殺し、薬子は自殺した（薬子の変）。そして天長《てんちょう》十年（八三三）六月九日に、仁明天皇《にんめいてんのう》の病気が原因で、仲成の子らは赦免されて京都へ戻ることになった。

橘逸勢（七八二?—八四二）は、三筆《さんぴつ》として知られ、橘奈良麻呂《ならまろ》の孫、嵯峨天皇皇后橘嘉智子《かちこ》の従兄弟にあたる。延暦二十三年、最澄《さいちょう》・空海《くうかい》らとともに遣唐使として唐に渡り、承和九年の承和の変において、恒貞親王《つねさだしんのう》を立てようと伴健岑《とものこわみね》と画策しているのが発覚し逮捕された。両者は杖で打たれ続ける拷問を受けた後、健岑は隠岐《おき》へ流罪（後に出雲《いずも》国に左遷）、逸勢は伊豆へ流罪となった。しかし逸勢は伊豆へ護送される途中、遠江《とおとうみ》国板築《いたつき》（浜松市三ヶ日町本坂《ほんざか》）で病没した。その後、逸勢は仁明天皇が亡くなったことにより嘉祥《かしょう》三年（八五〇）正《しょう》五位下を追贈されて本郷に帰葬され、仁寿《にんじゅ》三年（八五三）には疫病が流行したことにより従四位《しい》下を贈られている。

文室宮田麻呂（生没年不詳）は文室綿麻呂《わたまろ》を父に持つ。承和七年、筑前守《ちくぜんのかみ》に任じられたが、承和九年には解任されていた。この間、新羅の商人張宝高《ちょうほうこう》に絁《あしぎぬ》を贈って唐の物産を得ようとしたが、張の死により失敗した。承和十年散位従五位上のとき謀反の罪により伊豆国へ配流となった。

なぜこれらの人物が「御霊」として選ばれたのだろうか。それは御霊会を催したときに権力を握っていた人物と関わっている。その人物とは藤原良房《よしふさ》であった。良房は嵯峨天皇の皇女潔姫《きよひめ》を妻とし、妹順子《のぶこ》の生んだ道康親王《みちやすしんのう》を皇太子に立てるため、承和の変を起こして東宮恒貞親王《つねさだしんのう》を廃した。道康親王が文徳天皇《もんとくてんのう》として即位すると、娘明子《あきらけいこ》をその妃とし、その子惟仁親王《これひと》を即位させた（清和天皇《せいわてんのう》）。天安元年（八五七）には人臣最初の太政大臣となり、清和天皇が九歳で即位したため、摂政《せっしょう》の職務も行った。

御霊会の主催者と意義

こうして良房が、外戚として力を握り、おのれの政治権力がほぼ完成されたとき、北家《ほっけ》繁栄の礎《いしずえ》にされた人々の霊をすべて慰撫しようとしたのが貞観の御霊会であった。その際、崇道天皇は北家とは無縁だったが、当時よく知られた怨霊であり、それを第一に祀り、さらには民衆に自由に出入りを許して御霊会を観覧させることにより、疫病流行の原因を政治的失脚者の怨霊であるとする民衆による政治批判が高まることを防ぐことが御霊会に期待された（宮崎浩「貞観五年御霊会の政治史的考察」『史学研究』一九八、一九九二年）。

怨霊の存在を認めることはみずからの政策の非を認めることになるので、最後まで認めたくないはずであり、そのため、当初は神社への奉幣や経の転読という伝統的手段により災異が鎮まることを願った。しかし、それではおさまらなかったため、最終的に怨霊の所《せ》為《い》とせざるをえなくなった。ここには、怨霊の存在と災異との関係を密接に説く人物の存在があったはずである。それが御霊会で講師をつとめた恵達《えだつ》だと思われる。恵達は薬師寺僧で薬師寺万燈会の創始者として知られる。恵達は比良山《ひらさん》で修行し密教的修法を身につけていた。平安京において天台《てんだい》・真言《しんごん》宗が優勢な中、御霊会を修して南都《なんと》仏教の存在感を示そうとの意図があったのではないかと考えられる（今市優子「貞観五年御霊会の成立について」『文化史学』四五、一九八九年）。

御霊会が行われた場所が神泉苑であったことも重要である。神泉苑には龍神が住んでいて異界との接点であるとされ、かつ龍宮への入口でもあって、龍王がここから現世に出入りすると思われていたようである。『今昔物語集《こんじやくものがたりしゆう》』巻第十四「弘法大師《こうぼうだいし》、請雨経法を修して雨を降らせたること第四十一」には、空海《くうかい》が神泉苑に善女龍王を勧請《かんじよう》して雨を降らせたことを記している。また、『続古事談《ぞくこじだん》』第四神社仏事や『釈日本紀《しやくにほんぎ》』巻第七述義三神代上には、祇園御霊会の行われる祇園社の下には龍宮に通じる穴があったと思われていたことが記されている。怨霊と龍宮あるいは龍とは深い関わりを持っており、異界に住む怨霊と交信するにはこうした場所がふさわしかったのである。

疫病と怨霊

貞観御霊会においては、疫病の原因を怨霊に求めて、怨霊を御霊として祀り鎮撫を行ったが、八世紀後半になると疫病は疫神がなすものと考えられ、宮城四隅疫神祭・京城四隅疫神祭・畿内堺十処疫神祭などの祭祀が行われた。疫病は短期間に多くの人に広まっていく流行病で、人間をはじめ動物もバタバタと倒れていくので、非常に恐れられていた。そうした疫病の原因が怨霊に求められたのである。疫病は異界からやってきて都に住んでいる人々を恐怖に陥れる病であり、それが都から遠く離れた国へ追いやられ、恨みの中で亡くなっていった人物の霊魂と重ね合わされたのである。

右のような疫神に関する意識が展開する中、それが怨霊の仕業《しわざ》であると意識されていった。『今昔物語集』巻第二十七「ある所の膳部《ぜんぶ》、善雄伴大納言の霊を見ること第十一」にはこのことを示す興味深い説話を載せている。その部分を現代語に直すと、以下のとおりである。

天下に咳病《がいびょう》が流行して多くの人が病に伏したことがあった。ところが、あるところに料理人として勤めていた男が、午後十時頃人が皆寝静った後、家へ帰ろうとしたところ、門のところで赤い上衣を着、冠をつけたたいへん気高く怖ろしげな人に出くわした。見ると、その様子が気高かったので、誰かは知らないけれども、下賤な人物ではないだろうと思って膝をついてかしこまると、この人が「あなたは私を知っていますか」と言った。男は「存じません」と答えると、この人がまた「私は昔この国にいた大納言伴《ともの》善雄《よしお》という者です。伊豆国に流されて、ずっと前に死んでしまった。それが『行疫流行神』となったのです。私は心ならずも朝廷に対して罪を犯し、重い罪を蒙ったけれども、朝廷に仕えている間は、わが国の恩をたくさん受けました。このため、今年天下に疾疫を起こして国の人を皆病死させることになっていたけれども、私が咳病にとどめるようにお願いしたのです。だから世間では咳病が流行しているのです。私はそのことを伝えようと思い、ここに立っていたのです。あなたは怖がることはない」と言って、かき消すように消えてしまった。

男はこれを聞いて、恐る恐る家に帰って人々に語り伝えた。それ以来、伴大納言が行疫流行神であると人々は知ることになった。けれども、世に人は多いけれども、どうしてこの男にこうしたことを告げたのだろう。何かきっと理由があるのであろう。

こう語り伝えているということだ。

大納言伴善男は左大臣源《みなもとの》信《まこと》と対立し、貞観八年に応天門が炎上した応天門の変では、最初源信を犯人として捕らえようとしたが、太政大臣藤原良房は源信を弁護し無罪となった。しかしその後、大宅鷹取《おおやのたかとり》が応天門放火の犯人は伴善男とその子中庸《なかつね》であると告発したことにより善男らは捕らわれ、厳しく尋問されたが、善男は最後まで事件への関与を否定した。朝廷は結局善男らを放火の犯人であると断罪し、善男は伊豆国、中庸は隠岐国に流され、事件に関与したとされる他の人々も処分された。しかし、事件の真相は不明であり、実際に善男が放火の首謀者であったことは確かめられない。そして善男は貞観十年（八六八）に亡くなった。

こうした背景があったため、流行病が起こって人々が次から次へと倒れていったときに、時の権力者から追いやられて非業《ひごう》の死を遂げた伴善男が行疫流行神となって天下に疾疫を起こしたのだという噂が広まっていったのである。ここからは、疫病の原因が非業の死を遂げた人物の怨霊にあるということが、はっきりと見てとれる。また、赤い衣を着ていることも、のちの疱瘡神《ほうそうしん》が赤色で表現されるのと関連して、興味深い。

神泉苑ではその後、貞観七年五月十三日にも、朝廷により僧四人に般若心経を読ませるということが行われた。また、このときには僧六人を七条大路の衢《ちまた》で朱雀大路《すざくおおじ》の東西に分けて、朝夕二時に般若心経を読ませ、夜には賀茂川《かもがわ》と桂川《かつら》の分岐点付近にある佐比寺《さいじ》の僧恵照《えしょう》に疫神祭を修させ災疫を防ごうとしている。そのため京中の男女から人別《にんべつ》一銭を徴収して、僧の布施供養にあてている。これも疫病を退散させるためであった。

地方での御霊会

御霊会は朝廷によって主催されることは二度となかった。これはおそらく、御霊会だといって会を催すと、人々が多数集まり、風紀を乱すことが危惧されたからであろう。それとは対照的に、民間では習俗となっている御霊会が引き続き行われた。しかし、『日本三代実録』貞観七年（八六五）六月十四日条に「京畿七道の諸人、ことを御霊会に寄せて、私に徒衆を聚《あつ》め走馬・騎射することを禁ず。小児の聚戯は制限するにあらず」とあるように、御霊会にかこつけて騒ぎ風紀を乱すことがあったので、朝廷はこれに対して制限を加えている。朝廷にとっての危惧は、民衆が「御霊」だと称して体制批判を行うようになることであった。そのため、朝廷みずからが御霊会を行うことも慎重にならざるをえなかった。しかし、民衆の間で行われる御霊会をすべて禁止することは徹底できなかった。地方での御霊会のあり方については、『今昔物語集』巻第二十八「近江国矢馳《やはせ》郡司堂供養田楽のこと第七」に示されている。

日ノ高ク成ヌレバ、馬ヲゾ忩《いそ》ギ行クニ、此ノ白装束ノ男共ノ馬ニ乗タル、或ハヒタ黒ナル田楽ヲ腹ニ結付テ、肱《そでぐち》ヨリ肱《ひじ》ヲ取出シテ、左右ノ手ニ桴《ばち》ヲ持タリ。或ハ笛ヲ吹キ、高拍子《たかひょうし》ヲ突キ、□突キ、朳《えぶり》ヲ指テ、様々ノ田楽ヲ二ツ物三ツ物ニ儲《もうけ》テ、打喤《ののし》リ吹キ乙《かなで》ツ、、狂フ事無限《かぎりな》シ。供奉此レヲ見テ、「此ハ何《い》カニ為《す》ル事ニカ有ラム」ト思ヘドモ、□テ否不問《えとわ》ズ。

而《しか》ル間、此ノ田楽ノ奴原《やつばら》、或ハ馬ノ前ニ打立テ、或ハ馬ノ後《しりえ》ニ有リ、或ハ喬平《そばひら》ニ立テ打行ク。然レバ供奉、「今日此ノ郷《さと》ノ御霊会ニヤ有ラム」ト思ヘバ、

という記述からもうかがわれるように、田楽などさまざまな芸能が披露され、非常ににぎやかなものであった。

都での御霊会

京中においても、祇園御霊会・今宮御霊会・鳥羽城南寺明神御霊会などが行われたが、今宮御霊会に関しては、「これ朝議にあらず、巷説より起こる」（『日本紀略《にほんきりゃく》』正暦《しょうりゃく》五年〈九九四〉六月二十七日条）とあるように、民衆が主体となって御霊会が行われていた。また、その他の御霊会も、朝廷が主導するものではなかった。

祇園社での御霊会は「祇園祭」として現在まで伝わり、京都の夏の風物詩となっているが、疫神としての牛頭《ごず》天王を祀るのであって、政治的失脚者の御霊を祀るのではない。『祇園社本縁録《ぎおんしゃほんえんろく》』によれば、貞観十一年（八六九）の悪疾流行により六十六本の鉾を作って牛頭天王を祀り、これを神泉苑へ送ったのが祇園御霊会のはじまりとしている。これは

図8　祇園御霊会での神輿渡御（『年中行事絵巻』より）

そのまま信ずることができないにしても、祇園感神院で「走馬ならびに勅楽東遊《あずまあそび》御幣等」を奉った（『日本紀略』天延三年〈九七五〉六月十五日条）とあることから、これ以前には祇園御霊会が行われていたことは確かである。

これらの御霊会に共通して言えるのは、国家によって政治的失脚をした人物を祀るための御霊会という意識は希薄で、民間から起ってきた、疫神を祀り疫病を退散させるための御霊会という意識が強かったということである。今宮御霊会に関しては、「紫野において疫神を祭り、御霊会と号す。天下疾疫によるなり」（『日本紀略』長保三年〈一〇〇一〉五月九日条）とあるように、疫病を鎮めるため

図９　疫神を祀る八坂神社摂社疫神社（京都市東山区）

図10　八所御霊を祀る上御霊神社（京都市上京区）

の御霊会であって、死者の怨霊を鎮めるという認識はない。政治的失脚者を祀るという姿勢の見られる御霊会は、朝廷によって執り行われた貞観御霊会に限定されるのである。

現在、京都市上京区上御霊竪町《かみごりょうたてまち》に鎮座する上御霊神社は八所御霊を祀っており、これは貞観御霊会で祀られた六柱の御霊のほかに、井上内親王《いがみないしんのう》・菅原道真《すがわらのみちざね》・吉備大臣・藤原広嗣《ひろつぐ》・他戸親王《おさべしんのう》のうちの二柱を祀るとされている。上御霊神社の創建がいつかは不明で、おそらくは十世紀中葉までには存在していたと考えられる。上御霊神社は、応仁《おうにん》元年（一四六七）正月に畠山政長《はたけやままさなが》と畠山義就《よしなり》との私闘が境内で行われ、この御霊合戦が翌年勃発の応仁の乱の前哨戦となったため、応仁の乱発祥の地とされているが、御霊がさらなる多数の死者を発生させたことは、霊魂の世界がなせるわざであろうか。

中京区下御霊前町《しもごりょうまえちょう》には下御霊神社が鎮座しており、こちらにも八所御霊が祀られている。下御霊神社はもとは一条の北、京極の東にあった下出雲寺の鎮守として仁明天皇創建と伝えられ、現在地に遷座したのは天正十七年（一五八九）の豊臣秀吉《とよとみひでよし》による都市改造のためである。

菅原道真の怨霊化と社会

道真の生涯

朝廷によって主導された貞観御霊会《じょうがんごりょうえ》の際にも、各地で民衆による「御霊会」が行われたことを述べたが、奈良末・平安初期以来、地方豪族層は田畠の私営田経営を行って富を蓄積し、富豪と呼ばれもし、都市民も平安京の都市的成熟とともに、力を持つようになっていった。そして、上からの命令に対して従順なだけではなく、正面からは批判できないにしても、「怨霊」を担ぎ出した大衆運動というかたちをとって不満を訴えるという手段を取るようになった。十世紀には都および日本列島の東西で起こった事件をきっかけに怨霊《おんりょう》が登場してくる。ここに至って怨霊は新たな段階を迎えたと言えよう。

菅原道真《すがわらのみちざね》（八四五—九〇三）の怨霊については、怨霊の中で最も著名と言ってよいだろう。それは、道真を祀る北野天満宮や太宰府《だざいふ》天満宮が大社として現在に至るまで多くの人々が参拝し、学生服にも道真の名がつけられているように、日常生活のレベルにおいても道真が「学問の神」として崇められていることが大きく関係している。また研究者の間で菅原道真の怨霊が盛んに取り上げられたのは、その当時巻き起こってきた民衆運動と関連させて、古代から中世への転換を民衆が担っていたという文脈からであった。それでは、道真がどのようにして怨霊と化していったのか見てみよう。

道真は父菅原是善《すがわらのこれよし》、母伴《とも》氏の間に生まれ、幼少より詩歌の才能を発揮し、貞観四年（八六二）には式部省試を受けて及第し、文章生《もんじょうしょう》となった。その後昇進を重ね、最終的には昌泰《しょうたい》二年（八九九）右大臣にまで昇りつめた。その間、讃岐《さぬき》守や遣唐大使などをつとめ、『菅家文草《かんけぶんそう》』『菅家後集《かんけこうしゅう》』などの漢詩集を編んだほか、『日本三代実録《にほんさんだいじつろく》』や『類聚国史《るいじゅうこくし》』の編纂も行った才人である。しかし、時の政治を動かしていた藤原氏にとって、昇進を重ねる道真の存在は疎ましく、道真の娘を后とする斉世親王《ときよしんのう》を皇位につけて醍醐天皇《だいごてんのう》から皇位を奪おうと企てたと左大臣藤原時平《ふじわらのときひら》に讒言され、大宰権帥《だざいのごんのそち》に左遷されてしまった。道真が京を去る時、邸宅のあった紅梅殿の梅の花を見て、「東風《こち》吹かばにほひをこせよ梅

花　主なしとて春を忘るな」と歌ったが、道真が亡くなると紅梅殿の梅が道真のもとへ飛んでいったという飛梅伝説も後に作られた。

道真は配流先の大宰府で延喜《えんぎ》三年（九〇三）二月二十五日に亡くなるが、身の境遇を嘆いたり自分を流した人物を恨んだりしたということは史料からは確かめられない。延喜五年八月十九日のこととして『北野聖廟縁起《きたのせいびょうえんぎ》』巻五には、

筑前国四堂のほとりに御墓所を点して、おさめ奉らんとしける時、御車忽《にわか》に道中にと丶まりて、肥状多力のつくし牛ひけともはたらかす、其所をはしめて御墓所と定て、今の安楽寺とは申すなり、

とあるように、道真を葬ろうと牛車が墓所に向かっていたのだが、あるところまで来ると牛が動かなくなってしまったので、そこを墓所にして安楽寺を建立《こんりゅう》したことを記している。これが後の安楽寺天満宮（明治の神仏分離により太宰府神社、戦後、太宰府天満宮と改名）である。安楽寺は道真の菩提を弔うために建立されたのであって、怨霊の鎮魂のために建立されたのではない。

また安楽寺天満宮に関しては、道真が亡くなった後、従者が大宰府より帰京して右京一条二坊一保八町の地に道真の霊を祀ったとされる安楽寺天満宮（一之保社）があるが、こ

図11　太宰府天満宮（福岡県太宰府市太宰府）

図12　安楽寺天満宮（京都市上京区）

ちらは明治六年（一八七三）に北野天満宮境内に社宝・文書とともに移され、現在、その地には「天満宮旧蹟」と刻まれた石碑が建てられている。北野天満宮所蔵文書《きたのてんまんぐうしょぞうもんじょ》としてよく知られている酒麹役《しゅきく》関係の文書も、もとはこちらで保存されていたものである。

道真の怨霊化

道真の怨霊は、亡くなってすぐに意識されたわけではない。延喜八年（九〇八）十月七日に参議従四位上藤原菅根《すがね》が五十四歳で亡くなるが、これについて『北野聖廟縁起絵』では、「菅根卿はあらたに神罰を蒙《こうむり》て、その身はうせにけり」と記しているが、この時点ではまだ怨霊はほとんど意識されていないと言ってよい。そして延喜九年四月四日には左大臣正二位藤原時平が三十九歳で早世した。この時平の死は人々に道真の怨霊の登場を実感させたであろう。『扶桑略記《ふそうりやっき》』には「菅丞相の霊、白昼顕形す。左右の耳より青龍出現す」のように、道真の霊が青龍と化して時平の体内に入り込み、耳から姿を現したとしている。

そして、延長《えんちょう》元年（九二三）三月二十一日、醍醐天皇の皇太子保明親王《やすあきらしんのう》が二十一歳で夭折《ようせつ》したことは、醍醐天皇によって菅原道真が無念の死を迎えざるを得ず、怨霊となったと人々に想像させるのに十分だった。『日本紀略《にほんきりゃく》』には、「皇太子保明親王薨《こう》ず年廿一。天下庶人悲泣せざるはなし。その声雷のごとし。世挙げて云く、菅帥霊魂宿忿のなすところなり」と記されている。保明親王の母の藤原穏子《ふじわらのやすこ》は時平の妹であることから、その死は道真の怨霊の存在をよりいっそう認識させることになったであろう。

以降、道真の怨霊に対する鎮魂の方策がとられていく。まず、四月二十日には道真を右大臣に復し、正二位を贈り、昌泰四年の道真左遷の宣命を破却した。『愚管抄《ぐかんしょう》』巻第三には、

御門ドユ、シキワガ御ヒガ事、大事ヲシイダシタリトヤオボシメシケン、スベテ北野ノ御事、諸家、官外記ノ日記ヲミナヤケトテ、被《やかれ》レ焼ニケレバ、タシカニコノ事ヲシレル人ナシ。

とあり、醍醐《だいご》天皇は道真に対する行為を悔い、すべての記録から抹消しようとしたのであった。さらには、延喜から延長への改元も行われた。

しかしその後も治安の紊乱《びんらん》は収まらず、延長三年には保明親王の皇子で藤原時平の娘を母にもつ慶頼王《よしよりおう》がわずか五歳で夭折している。そして、延長八年六月二十六日の内裏への落雷は人々を恐怖に陥れた。愛宕《あたご》山から黒雲が立ち上り、急に暗くなったかと思うとにわかに雷鳴が轟いた。雷は清涼殿《せいりようでん》南西の柱に落ち、大納言藤原清貫《きよつら》は胸を焼き裂かれて死亡し、右中弁平希世《たいらのまれよ》は顔が焼きただれて亡くなり、右兵衛左美努忠包《みぬのただかね》は髪が焼けて亡く

なった。さらに紀陰連《きのかげつら》は腹部が焼けただれて悶乱、安曇宗仁《あずみのむねひと》は膝を焼かれて倒れ伏すというありさまであった。『北野聖廟縁起』巻六ではこのことを、「是則《これすなわち》天満大自在天神の十六万八千の眷属《けんぞく》の中の第三の使者火雷火気毒王のしわさなり」と、道真が神格化された「天満大自在天」の眷属の一つ、「火雷火気毒王」が雷として現れたのだとする。

清涼殿への落雷により死者が出たことに衝撃を受けた醍醐天皇は体調を崩し病に伏した。そして延長八年九月二十二日、寛明親王《ゆたあきらしんのう》(朱雀天皇《すざくてんのう》)に譲位し、二十九日に四十六歳で崩御《ほうぎょ》したのである。

承平・天慶の乱と将門伝説

このように道真の怨霊によって都が混乱し、恐怖におびえていたとき、都から隔たった東と西において相次いで乱が巻き起こった。平将門《まさかど》と藤原純友《すみとも》による反乱で、承平《じょうへい》・天慶《てんぎょう》の乱と呼ばれる乱である。平将門《たいらのまさかど》(九一六―九四〇)は桓武平氏の高望王《たかもちおう》の孫で、若い時上京して藤原忠平《ただひら》に仕えたが帰郷し、父の遺領や女性をめぐる問題から一族内で紛争がおこり、承平五年(九三五)におじの国香《くにか》を殺害したことに端を発し、常陸《ひたち》・下野《しもつけ》・上野《こうずけ》の国府を陥れた。将門は新皇と称し除目を行うなど、関東において独立国家樹立を目指したが、平貞盛《さだもり》・藤原秀郷《ひでさと》によって攻められ、現在の茨城県坂東《ばんどう》市の神田山で敗死し、将門の首は都に届けられ、東市でさらし首に

図13　平将門の首塚（東京都千代田区大手町）

された。

その後、将門の首に関してはさまざまな伝説が作られていった。その代表的なものが、将門の首が東国をめざして飛んでいったとするものである。飛んでいく途中に首が落ちて祀られたという伝承も各地に残っており、梶原正昭・矢代和夫『将門伝説』（新読書社、一九七五年）や稲葉嶽男『関東中心平将門伝説の旅』（一九九三年）などに詳しい。

首塚伝説で最も著名なのが、東京都千代田区大手町にある首塚である。関東大震災で大きな被害を受けた将門塚一帯を再整備しようと大蔵省の仮庁舎が建てられたが、工事関係者に死傷者が続出し、塚跡に建てられていた大蔵省仮庁舎は壊されることになった。また、第二次世界大戦後に、GHQが区画整理をしようと造成を開始したさいに事故が相次いだため、造成計画は中止となった。このように首塚を壊して建物を建てようとすると事故が起きるとされ、史蹟として整備されることになった。

一方、藤原純友《すみとも》（?—九四一）は伊予掾《いよじょう》として瀬戸内海賊の鎮圧にあたったが、承平四年、国守紀淑人《きのよしと》に反抗して伊予の日振島《ひぶりじま》を拠点に海賊勢力と結んで反乱を起こした。天慶四年（九四一）には筑前《ちくぜん》国に上陸して大宰府を攻め、財物を奪って建物に放火したりしたため、朝廷の命を受けた追捕使小野好古《おののよしふる》らによって六月には鎮圧された。

こうした動きに触発されてか、都では「御霊」に仮託した民衆による宗教運動が巻き起こった。『本朝世紀《ほんちょうせいき》』天慶元年九月二日条には、近頃東西両京大小路衢《ろく》において木で刻んで男女対の神を作り、それには冠をかぶせて丹《に》で体を塗ったり男女の性器を刻んだりし、その像に対して幣帛を捧げたり香花《こうげ》を供えたりして、岐神《ちまた》（道祖神）だとか御霊だとかと称してもてはやしている風俗があったことを記している。

そうした中、天慶二年十二月に、平将門が上野国府を襲って印鎰《いんやく》を奪い、除目《じもく》を行った際、一人の巫女《みこ》が神懸かりした。『将門記《しょうもんき》』には以下のように記されている。

時に一人の昌伎ありて云えらく、「八幡大菩薩の使ぞ」とくちばしる。「朕《ちん》が位を蔭子平将門に授け奉る。その位記は、左大臣正二位菅原朝臣の霊魂表すらく、右八幡大菩薩八万の軍を起こして、朕が位を授け奉らん。今すべからく、卅二相の音楽をもて早くこれを迎え奉るべし」と。

将門に新皇の位を授けようと八幡大菩薩が示したが、その位記を道真の霊魂が書いたという。ここで興味深いのは、道真が八幡菩薩の下で働いていることである。文才のあった道真が冥界においても早速活躍している。道真の上位者として八幡菩薩を持ち出しているのは、九州を統括する神として八幡神がイメージされていたからであろうか。平将門の乱や藤原純友の乱の際、朝廷から宇佐八幡宮に奉幣が行われており、八幡神は乱を平定する軍神の役割が期待されていて、鎮護国家を担っていた。その一方、天照大神《あまてらすおおみかみ》の系譜を引く天皇家の「主流」に対して、「傍流」として担ぎ出され、ひとたび事が発生すると、「主流」を脅かすことにしばしば利用された。道鏡《どうきよう》に宇佐八幡宮の神託が下ったとされた事件もこうした側面から理解できよう。八幡神には祟り神としての側面があり、反権力、既存の天皇制の否定の装置として機能していたことが指摘されている（飯沼賢司『八幡神とはなにか』角川書店、二〇〇四年）。

冥界での道真

道真が怨霊としてどのような活動をしていたのかということについては、『扶桑略記』天慶四年条所引「道賢上人冥途記《どうけんしようにん》」に詳しく記されている。河音能平氏によると、「道賢上人冥途記」は承平・天慶の乱が完全に鎮圧された天慶四年末に成立したと考えられている（河音能平『天神信仰の成立』塙書房、二〇〇三年）。道賢上人（日蔵《にちぞう》）ははじめ東寺《とうじ》に住し、のち大和国室生山《むろうさん》龍門寺に移った真言僧で、延喜十六年（九一六）二月、十二歳で吉野金峯山《きんぷせん》に入り、発心門椿山寺《ちんざんじ》で剃髪《ていはつ》し六年間山岳修行をした。しかし母の病のため京都に帰り、以後年に一度は金峯山で修行を行い、天慶四年（九四一）八月一日に修法を行っていたところ、高熱を発して呼吸ができなくなり、息が絶えた。そして八月十三日に蘇生するのであるが、その間体験した冥途《めいど》のことを書き記したのが「道賢上人冥途記」である。

「道賢上人冥途記」では、道真は「日本太政威徳天」として登場し、道賢をみずからが暮らす大威徳城に連れていき、以下のように語った。

　我れ初め愛別離苦の悲しみに相当り、我が心動かざるにあらず。ゆえに我れ臣君を悩乱し、人民を損傷し、国土を殄滅《てんめつ》せんと欲す。我れ一切疫病災難のことをつかさどる。

道真は日本を滅ぼそうとしていたが、日本では普賢菩薩・龍猛《りゅうみょう》菩薩が盛んに密教を広めており、道真も以前からこの教えに親しんで尊重しており、自分を慰撫《いぶ》してくれたことから、怨念の気持ちが弱くなった。しかし、

　ただし我が眷属十六万八千悪神等随所に損害をいたす。我れなお禁じがたし。いわんや余神においてをや。

と、道真の眷属の神が各所で悪事をはたらいており、その他の神も災害を発生させていて、それらを取り締まることはできないとしている。そして、太政天が言うことには、

彼の国我れを大怨賊として、誰人《たれびと》尊重す。しかるに彼の火雷天気毒王は我が第三の使者の名なり。我れ成仏せざるよりの外、何時この旧悪の心を忘るなり。

として、日本の人々は道真のことを怨霊として敬っているにすぎないし、人々が敬っている「火雷天気毒王」は道真＝太政威徳天の第三の使者だとしている。太政威徳天は大威徳明王から考え出された名称だと考えられている（笠井昌昭『天神縁起の歴史』雄山閣、一九七三年）。大威徳明王は人間界と仏界を隔てる天界に位置する明王の中でも特に中心的役割を担う五大明王の一つで、西方の守護神であった。六面六臂六脚で、水牛にまたがっている姿で表現される。都から見て筑紫は西方であり、大威徳明王は文殊《もんじゅ》菩薩の化身であることから、文筆に優れた道真にふさわしい明王としてイメージされたのであろう。大威徳明王は牛に乗っていることから、道真と牛との関係も強く意識されていったものと思われる。

また、『菅家御伝記《かんけごでんき》』では、道真のことを「天満大自在天神」と称している。大自在天はシヴァ神が仏教化したもので、暴悪と治療の両面を持っており、唯一最高の天地創造神とされる。大自在天も牛にまたがっているのであった。十世

道真の神格

紀後半になると、道真の神格として「天満大自在天神」が定着していった。

大威徳城に連れていかれた日蔵は、道真の語ったことを理解して、金峯山浄土に戻って蔵王菩薩に報告した。また、満徳天＝宇多法皇の霊魂が次のように言った。

彼の日本太政天は、菅公これなり。その眷属十六万八千毒龍・悪鬼・水火・雷電・風伯・雨師・毒害・邪神等、国土に遍満し、大災害を行う。国土の旧《ふる》き善神遮止することあたわず。又去る延長八年夏、清貫・希世朝臣等を震害す。すなわちこれ天火第三使者、火雷天気毒王のなすところなり。我が延喜王身肉六府ことごとく爛壊《らんかい》せるなり。これにより彼の王遂に命を終える。また崇福・法隆・東大・延暦・檀林等諸大寺を焼亡す、すなわちこれ使者天のなすところなり。かくのごとき悪神等、法を滅ぼし生を害するの罪、我が延喜王独りその殃《わざわい》を受く。たとえば衆川の水一大海に容《そそ》ぐがごときなり。また自余の眷属勢力彼の火雷王と同じ。あるいは山を崩し地を振るい、城を壊して物を損なう。あるいは暴風を吹き、疾雨を降らす。人物ならびに損害し、あるいは疫癘火死の疾を行い、あるいは謀反乱逆の心を発せしむ。しかるに金峯・八幡等、我が満徳天堅く執るを許さず。ゆえに自由することあたわざるなり。

太政天＝道真の十六万八千の眷属が災害を発生させており、日本古来の神々はこれを止め

図14　地獄に堕ちて苦しむ醍醐天皇（『松崎天神縁起絵巻』より、山口県・防府天満宮所蔵）

ることができない。また、延長八年（九三〇）に藤原清貫・平希世らを落雷によって殺したのは、太政天の第三の使者火雷天気毒王である。そして醍醐《だいご》天皇の肉体五臓六腑がただれて亡くなったのも使者によるもので、一連の諸大寺を焼亡させたのも使者によるものである。そして、さまざまな災害を起こさせ、人身を惑わしているのであるが、金峯山の蔵王権現や八幡神それに宇多《うだ》法皇《ほうおう》の霊魂が勝手な振る舞いをするのを留めているという。ここでも八幡神が道真の霊魂の上位者として支配を行っていると理解されていることが注目される。また、醍醐天皇が地獄に堕ちて苦しんでいる様子は、メトロポリタン美術館本『天神縁起絵巻《てんじんえんぎえまき》』や『松崎天神縁起絵巻《まつざきてんじんえんぎえまき》』などに絵として描かれており、道真を追い落とした張本人として醍醐天皇が地獄に堕ちて苦しんでいると多くの人々に認識されていたのであった。

社殿の建立

天慶五年（九四二）七月十二日には、右京七条二坊十三町に住んでいた多《た》治比文子《じひのあやこ》に右近馬場に祀ってほしいとの道真の託宣《たくせん》があったが、身の賤しさにはばかって右近の馬場には社を作らずにみずからの柴の庵内に瑞垣《みずがき》を作って祀った。現在、京都市上京区北町に文子天満宮旧址として石柱が立てられている。西京神人たちが文子天満宮を祀っていたが、明治六年（一八七三）に北野天満宮境内に遷宮した。一方、下京区天神町にも文子天満宮が鎮座しており、北野天満宮の前身との由緒を語っている。

そしてさらには、天慶九年、近江《おうみ》比良《ひら》宮の禰宜《ねぎ》神《みわの》良種《よしたね》の子で七歳の太郎丸に託宣があり、北野右近馬場が自分が落ち着くべき所でありそこに松を生じさせるとのことだった。そこで右近馬場の乾の角にあった朝日寺の住僧最鎮に託宣の文を持って相談に行ったところ、その夜のうちに数十本の松が生えたため、その場所に祠を建てることにし、天暦《てんりゃく》元年（九四七）六月九日、社殿の建立が行われた。

こうして北野の地に社が作られ、菅原道真の怨霊を祀ることになったのだが、北野には

図15　北野天満宮（京都市上京区）

それ以前から祠が建てられていた。遣唐使が唐に赴く際、道中の安全を願って天神地祇を祀ったり（『続日本後紀《しょくにほんこうき》』承和三年〈八三六〉二月朔日条）、元慶《がんぎょう》年中（八七七―八八四）に穀物の豊作を北野の雷公に祈ったところ効果があったため、以来毎年秋に北野で雷公を祭ることが行われていた（『西宮記《さいぐうき》』）。さらには鏡を撫物《なでもの》とし、五つの神座を祭る陰陽道の雷公祭が北野の右近の馬場で行われていた（『文肝抄《ぶんかんしょう》』）。こうしたことから、雷神と深く関わりを持った菅原道真の怨霊が北野の地に祀られるのは似つかわしいことであった。

近江比良宮に託宣がおりたその前年の天慶八年（九四五）には、民衆による熱狂的な宗教運動として著名な志多良神入京事件が起こった。

志多良神の入京

『本朝世紀』によると、近頃京都における噂として、東西の国々から諸神が入京するとのことであり、それは志多羅神《しだらがみ》とか小藺笠神《こいがさがみ》とか八面神《やつおもてがみ》とか呼ばれていたとする。承平・天慶の乱が鎮圧されてからまだ四年であり、東国と西国から得体の知れない神々が入京してくるとの噂は、敗死した将門と純友の怨霊の出現を想起させたであろう。そして『本朝世紀』には、摂津《せっつ》国司の解《げ》を載せており、そこには豊島《てしま》郡司の解が引用されている。その概要は以下のとおりである。

志多羅神と号する神輿三基が七月二十五日の朝、豊島郡の西に当たる河辺郡の方から数百人ほどの人々に担がれ、人々は幣帛を捧げて鼓を撃ち、歌い舞いながらやってきた。道俗男女、貴賤老少は翌日の明け方まで市をなして集まり、歌い舞っていた。二十六日の辰の刻に御輿はかつがれて、奉幣と歌舞の中、島下郡を目指して進発した。一の御輿は檜皮葺で鳥居が取りつけられており、文江自在天神と書かれていた。今二つの御輿は檜葉葺で鳥居はなかった。そして別の神輿三基が同じく歌舞しながら河辺郡の児屋寺（昆陽寺）へ送られていった。

二十九日には六基の神輿と非常に多数の群衆が、山城国《やましろ》乙訓郡《おとくに》山崎郷に入ってきた。その夜ある女が神がかりして、神が石清水宮《いわしみず》に行きたいと述べたので、八月一日の朝、石清水八幡宮に六基の神輿を担ぎ込んだ。神輿は八幡宮神前にすえられ、そのまわりでは多数の群衆が奉幣・歌遊を行っていた。そして、第一の神輿の名は「宇佐宮八幡大菩薩御社」につけかえられていた。

また、醍醐天皇第四皇子重明親王《しげあきらしんのう》の日記『吏部王記《りほうおうき》』天慶八年八月二日条によると、神輿は筑紫を発して民衆に担ぎ送られて河辺郡に着いたものであって、第一神輿は「自在天神」でありそれは「故右大臣菅公霊」であって、第二神輿は「宇佐春王三子」、第三神輿は「住吉神」であったという。

そして、志多良神を祀る群衆は次のような童謡《わざうた》を踊り謡っていた。

月笠着る、八幡種蒔く、いざ我らは荒田開かむ
志多良打てと、神は宣《のた》まふ、打つ我らが命千歳
志多良米はや買はば、酒盛れば、その酒富める始めぞ
志多良打てば、牛はわききぬ、鞍打ち敷け、佐米《さめ》負はせむ

反歌

朝より、蔭は蔭れど、雨やは降る、佐米こそ降れ
富はゆすみきぬ、富は鎖懸け、ゆすみきぬ、宅《いえ》儲けよ、煙儲けよ、さて我らは、先年栄えて

この「シダラ歌」は転換期の農村に深く根ざした農民の祝い歌であり、シダラ神運動の中での主題歌として大きく盛り上がり、後には各地の農耕神事や社寺での神事における祝い歌の中に定着し、後世まで歌い継がれていった（戸田芳實『日本中世の民衆と領主』校倉書房、一九九四年）。

こうしたことから、この志多良神入京事件は、承平・天慶の乱ならびに菅原道真の怨霊化によって動揺していた社会に民衆も動かされ、民衆によって担がれた神が入京することによって社会を一新させようとする「世直し」的状況が創り出されていたものと想像される。もとは「自在天神」と書かれた額が「宇佐宮八幡大菩薩」に変えられ、神輿が石清水八幡宮に届けられたのは、将門の時と同じように、将門の怨霊の上位の存在として八幡神がイメージされていたからである。そして、その神輿が京都における八幡神の鎮座地である石清水八幡宮にもたらされたことは、朝廷にとってはみずからの存在を揺るがしかねない大きな脅威であった。

道真の霊魂が北野に祀られ、その後、貞元《じょうげん》元年（九七六）十一月十七日、道真の孫文時《ふみとき》が、大宰府安楽寺と同じように「北野寺」でも氏人が寺務を行うことを上奏して認められると、菅原道真＝怨霊という側面が希薄になり、菅原氏の家職としての儒家との関わりで、儒家の神、さらには詩文の神として崇められるようになった。

善神への転換

寛和二年（九八六）七月二十日の慶滋保胤《よししげのやすたね》による「菅丞相廟に賽《むくい》る願文」では、「天満天神の廟につき、文士を会して詩篇を献ず。それ天神は文道の祖、詩境の主たるをもってなり」（『本朝文粋《ほんちょうもんずい》』）と記されており、すでに十世紀後半には、道真は詩文の神として崇められるようになっていた。それは、天徳三年（九五九）二月十五日、藤原師輔《もろすけ》による社殿造営の際の願文で、摂関家の守護を道真の御霊に祈願して以来、摂関家を支える役割として北野社が期待され、怨霊的側面は次第に消え、和魂《にぎみたま》的側面が前面に出てきたものと思われる。怨霊として強力な力を持っていたからこそ、和魂としても神の強い力が期待されたのであった。

また、『北野天神縁起《きたのてんじんえんぎ》』には、道真の神格を現す興味深い話を載せている。

中納言通俊の子で顕密の高僧である世尊寺の阿闍梨仁俊《にんしゅん》が、鳥羽院のもとに祗候《しこう》する女房が仁俊のことを、本当は女好きで清僧ぶっているだけだと話しているのを聞いてとても残念に思い、北野社に参籠《さんろう》して、この恥を何とかすすいで下さいと祈り、「あはれとも神々ならば思ふらむ人こそ人の道はたつとも」と詠んだところ、その女房は赤い袴を腰に巻き、手に錫杖《しやくじよう》を持って、仁俊にでたらめなことを言った報いよと言いながら院の御所に参上して舞い狂った。院はたいへんあわれだと思われ、北野社から仁俊を召して見せたところ、仁俊は神の霊験《れいげん》あらたかなることに感じて涙を流して、不動明王《ふどうみようおう》の呪文を唱えたところ、女房は正気に戻った。これに感心した院は、「薄墨」という馬を下賜された。

この話は『十訓抄《じつきんしよう》』や『古今著聞集《ここんちよもんじゆう》』にも採録されているが、仁俊が恥をすすぐために北野社に参籠しているのは、同じように無実の罪を着せられた道真ならばわかってくれると思い参籠したのであろう。また、悪口を言いふらした女房に祟っているのは、タタリ神としての北野天神の本来の姿を現していると言えよう。

このような例はあるものの、道真は儒家の神、さらには詩文の神の側面が強くなり、さらには道真は観音の化身であるとも考えられ、観音の縁日である十八日には天神講《てんじんこう》が開かれ、法楽のために詩歌や連歌の会席が開かれるようになっていったのである。

跋扈する怨霊

日本史上最大の怨霊——崇徳院

生き続ける崇徳院の怨霊

せをはやみ　いはにせかるる　たきがはの　われてもすゑに　あはむと
ぞおもふ

『小倉百人一首《おぐらひやくにんいっしゅ》』に採録されるこの歌で有名な崇徳院《すとくいん》（一一一九—六四）は、怨霊《おんりょう》のパワー、社会に与えた影響、怨霊の発動した期間ともに日本最大の怨霊と言ってよいだろう。『保元物語《ほうげんものがたり》』に怨霊と化した姿が描かれた崇徳院は、その後『太平《たいへい》記《き》』や世阿弥《ぜあみ》作の謡曲『松山天狗《まつやまてんぐ》』に登場し、江戸時代には上田秋成《うえだあきなり》の『松山天狗』に描かれたことによって人口に膾炙《かいしゃ》することになった。

そして、幕末になると崇徳院怨霊の問題が現実味をもって取り上げられるようになった。

すなわち、保元の乱によって讃岐《さぬき》に流されて亡くなって以降、武者の世となり、保元の乱以降の悪事はすべて崇徳院の怨霊によるものであるから、皇威回復のために神霊の還遷をなすことにより、崇徳院の霊が国家鎮護の役割を果たすとの認識のもと、讃岐から京都への神霊の還遷が企てられたのである。そして、慶応四年（一八六八）九月八日、御霊代《みたましろ》として御遺真影と自愛の笙《しょう》とが納められた神輿が京都白峯《しらみね》宮に到着して神霊の還遷がなしとげられ、明治天皇の大御稜威《おおみいつ》を世界に輝かせるべく新政府の建設を崇徳天皇神霊に祈願したのであった。「明治」と改元される二日前のことである。このように、怨霊の登場から七百年以上経ってからもなお怨霊の存在が意識されていたことは驚異と言えよう（山田雄司「崇徳天皇神霊の還遷」大濱徹也編『近代日本の歴史的位相』刀水書房、一九九九年）。それでは以下、崇徳院はいかに怨霊と化したのか

図16　崇徳院画像（京都府・白峯神宮所蔵）

見ていきたい。

崇徳院の配流

崇徳上皇と後白河天皇《ごしらかわてんのう》との皇位継承に起因する対立、藤原頼長《ふじわらのよりなが》と忠通《ただみち》との摂関家《せっかん》兄弟の対立、源　為義《みなもとのためよし》と義朝《よしとも》の源氏父子の対立、平　忠正《たいらのただまさ》と清盛《きよもり》との平氏内部の対立が絡み合い、保元元年（一一五六）七月二日の鳥羽上皇《とばじようこう》の死去をきっかけとして、十一日に合戦が巻き起こった。保元の乱である。後白河天皇側の軍勢が崇徳上皇のたてこもる白河殿に火をかけたことにより合戦は決着し、短時間で雌雄が決せられた。この合戦では首領級の武士に戦死者はいなかったが、唯一頼長は流れ矢を頭部に受け、三日後に死去している（河内祥輔『保元の乱・平治の乱』吉川弘文館、二〇〇二年）。

この合戦の際、崇徳は白河殿から逃れ、同母弟仁和寺御室覚性《にんなじおむろかくしょうほっしんのう》法親王のもとを訪れ、守護してくれるように頼んだが、覚性はこれを拒否したため、寛遍《かんぺん》法務の坊へ渡ったところを後白河側に拘束された。崇徳に与《くみ》した武士の多くが降参し、源為義・平忠正・平家弘《いえひろ》ら中心人物とその子弟七十四人余りが処刑され、その他の者も配流《はいる》となった。崇徳は讃岐国へ配流されることとなり、二十三日配流地へ向かった。

崇徳院怨霊の虚実

崇徳は長寛《ちょうかん》二年（一一六四）に亡くなるが、それまでの間、讃岐では知己《ちき》の女房らとともにつつましく暮らしていたようである。『風《ふう》

雅和歌集《がわかしゅう》』に載せられる崇徳の詠んだ歌

思ひやれ都はるかにおきつ波立ちへだてたるこゝろぼそさを

からは、都から遠く離れた讃岐においてひっそりと暮らす心細さが感じられる。そして極楽浄土に導かれることを望んで亡くなっていったのであった。

ところが、物語の世界ではまったく違う様相を見せている。半井本《なからいぼん》『保元物語』「新院血ヲ以テ御経ノ奥ニ御誓状ノ事付崩御ノ事」では、五部大乗経（華厳経《けごんきょう》・大集経《だいじつ》・大品般若経《だいぼんはんにゃきょう》・法華経《ほけ》・涅槃経《ねはん》）を書写し、何とか都においてほしいと思ったのだが、その願いが叶えられなかったため、

「今者《いまは》後生菩提ノ為ニ書タル御経ノ置所ヲダニモ免《ゆる》サレザランニハ、後生迄ノ敵ゴサンナレ。我願ハ五部大乗経ノ大善根ヲ三悪道ニ抛《なげうち》テ、日本国ノ大悪魔ト成ラム」ト誓ハセ給テ、御舌ノ崎ヲ食切セ座《まします》テ、其血ヲ以テ、御経ノ奥ニ此御誓状ヲゾアソバシタル。

其後ハ御グシモ剃ズ、御爪モ切セ給ハデ、生ナガラ天狗ノ御姿ニ成セ給テ、

とあるように、舌先を食いきった血で経の奥に「日本国ノ大悪魔」となることを書き記し、その後は荒れ狂って天狗の姿となったとされている。さらに金刀比羅本《ことひらぼん》『保元物語』では、

「日本国の大魔縁となり、皇を取て民となし、民を皇となさん」と誓って、舌を噛み切った血で大乗経の奥に誓状を書いたとされる。つまり、『保元物語』には崇徳は生前から怨霊となる要素があったことが記されているのである。

五部大乗経はあったのか

ところで、『保元物語』に記される崇徳自筆の五部大乗経は果たして実在したのであろうか。この存在を語る唯一の史料は、『吉記《きつき》』寿永《じゅえい》二年（一一八三）七月十六日条である。

崇徳院讃岐において、御自筆血をもつて五部大乗経を書かしめ給ひ、件《くだん》の経奥に、理世後生の料にあらず、天下を滅亡すべきの趣、注し置かる。くだんの経伝はりて元性法印のもとにあり。この旨を申さるるにより、成勝寺《じょうしょうじ》において供養せらるべきの由、右大弁（平親宗）をもって左少弁（藤原）光長におほせらる。彼怨霊を得道せしめんがためか。ただしもつとも予議せらるべきか。いまだ供養せざるの以前なほその願を果たす。いはんや開題の後においてをや。よくよく沙汰あるべきことなり。恐るべし、恐るべし。

この記事によると、奥に天下を滅亡させる旨が記された崇徳自筆の五部大乗経は院の二宮である元性法印《げんしょうほういん》のもとにあるという。そして、供養されていない経を崇徳の御願寺《ごがんじ》である成勝寺で供養して怨霊に悟りを開かせようとするが、供養を行う前から崇徳の怨念が戦乱を引き起こしているので、供養を行ったならばなおさら怨霊の発動を進めることになりはしないかよく議論すべきであるとしている。

これまでは『保元物語』が典拠としたこの『吉記』の語る崇徳院自筆五部大乗経の存在について疑われることはなかったが、私は実在しなかったのではないかと考えている。なぜなら、まず第一に、崇徳院が亡くなった長寛二年（一一六四）から十九年たってからはじめて経の存在が語られるのは不自然である。もし存在したのであったら、崇徳が亡くなって近親者が帰京したときに公表されたはずである。寿永年間（一一八二―八四）は、戦乱が相次ぎ、それに加えて養和の大飢饉が起こったことにより世の不安が高まっており、崇徳の怨霊を慰めるための神祠建立が取りざたされていたものの、未だに神祠の建立がなされていないという状況であった。その最中に血書五部大乗経の存在が語られたことは、神祠の実現をめざす人物の動きが後ろであったことを想像させる。実際、寿永二年八月十五日条には、後白河院の院宣《いんぜん》により、成勝寺に神祠を建立するよう命じられている。

そして、実際にこの経を見たという人物はなく、この記録以外には経について記したものも存在しない。実在しなかった経だからこそ、鎌倉本以下の『保元物語』や『平家物語《へいけものがたり》』においては、経を海中に沈めたことにして、現存しないことと整合性を保とうとしたのではないだろうか。

崇徳院怨霊の「発生」

それでは、以下において崇徳の怨霊がどのように認識されていったのか見ていきたい。『愚昧記《ぐまいき》』安元三年（一一七七）五月十三日条には、

相府《（藤原経宗）》示し給ひて云く、讃岐院ならびに左府等の事、昨日光能《（藤原）》をもつて仰せ遣はさるるなり。頼業《（清原）》・師尚《（中原）》勘文を下し給ふなり。又去年用意のため、かの両人ならびに永範《（藤原）》卿・師直《（中原）》等に仰ぎ勘儲せしむるなり。

とあることから、安元《あんげん》三年の前年、安元二年から崇徳の怨霊が意識されていたことがわかる。安元二年には、後白河院の周辺の人物が相次いで亡くなっている。六月十三日には、鳥羽院と美福門院得子《なりこ》との間に生まれ、二条天皇の中宮となった高松院姝子《よしこ》が三十歳で亡くなり、七月八日には、後白河天皇の女御で、高倉天皇《たかくらてんのう》の生母である建春門院平滋子《しげこ》が腫物に悩まされたすえに三十五歳で亡くなり、後白河天皇の孫、二条天皇《にじょうてんのう》の子で、三歳で即位し五歳で退位した六条院《ろくじょういん》が、七月十七日にわずか十三歳で亡くなっている。さらには、藤原忠通の養女で、近衛天皇の中宮となった九条院呈子《しめこ》が、八月十九日に四十六歳で亡くなっている。『帝王編年記《ていおうへんねんき》』ではこうした状況を「已上《いじょう》三ヶ月の中、院号四人崩御す。希代の事なり」と記しており、後白河周辺の人物や、頼長と敵対した忠通に関連する人物

が相次いで亡くなったことに後白河は大変衝撃を受けたであろう。こうしたことがきっかけとなって崇徳の怨霊が意識されることになったと思われる。そして、怨霊の存在を決定づけたのが、安元三年のできごとだった。

まず第一の事件として、四月十三日に比叡山《ひえいざん》の大衆《だいしゅ》が神輿を振りかざして洛中へ乱入したところ、神輿に矢が射立てられ、神人らが数多く射殺され、おめき叫ぶ声が響き渡るということがあった。この事態を受けて九条兼実《くじょうかねざね》は、仏法・王法も滅びてしまう世の末の到来を感じ、天魔の所為であると記している。

第二には、四月二十八日に起こった太郎焼亡と呼ばれる大火災である。京都は広範囲が焼失し、大極殿《だいごくでん》以下八省院はすべて焼失し、京中は死骸があちこちに転がるという悲惨な状況となった。

このような事態を受け、『愚昧記』安元三年五月九日条には、

> 相府（藤原経宗）示し給ひて云く、讃岐院ならびに宇治左府の事、沙汰あるべしと云々。これ近日天下の悪事彼の人等所為の由疑いあり。よって彼の事を鎮めらるるためなり。無極の大事なりと云々。

と記されており、左大臣藤原経宗《つねむね》は最近相次いで起こる事態が崇徳と藤原頼長の祟りによ

る疑いがあり、それを鎮めることは非常に重要なことであると兼実に述べている。以降繰り返して、両者の怨霊について議論されている。

崇徳院怨霊の語り手

それでは、崇徳院怨霊の存在を語っていたのは誰であろうか。『吉記』寿永三年（一一八四）四月十五日条には、

故入道《（藤原）》教長卿彼院御籠女兵衛佐猶子なり。天下擾乱の後、彼院ならびに槐門悪霊、神霊を祝《はふ》り奉るべきの由、故光能《（藤原）》卿頭たるの時、人々に仰せ合はさる。

とあるように、藤原教長が崇徳と頼長の悪霊を神霊として祀るべきであると人々に仰せ合わせている点が注目される。教長は崇徳天皇のもとで蔵人《くろうど》として活躍し、崇徳天皇内裏《だいり》歌壇に頻繁に参加しており、頼長との親交も厚かった。保元の乱の際には崇徳方に与し、乱後は出家したが捕らえられて常陸《ひたち》国信太《しだ》の浮島に流されたが、応保《おうほ》二年（一一六二）三月七日に召し返され、帰洛後は崇徳の同腹弟である仁和寺紫金台寺御室覚性《かくしょう》、さらには崇徳と三河権守師経女との間に生まれた子である元性とも交流を持ち、元性に『古今和歌集』の進講もしている。五部大乗経の存在が語られたのも元性のところであったことからもわかるとおり、保元の乱で崇徳側に与した人々の間で、崇徳の復権、さらにはみずからの復権を行うために、怨霊の存在を語ったのではないだろうか。ちょうどそのとき社会は

図17　崇徳院廟（京都市東山区）

不安定で、その原因を何かに求めたいという状況であった。そのため、最初は取り合わなかった後白河院も、ひとたび怨霊の存在を信じるとそれにおびえ、院主導で種々の対応が講じられていったのである。

怨霊の鎮撫

後白河院は、熊野・石清《いわし》水《みず》・日吉社にたびたび参《さん》詣《けい》し、院政期の上皇の中で最も多く熊野詣を行った人物であり、院御所である法住寺殿に新熊野・新日吉両社を建立するなど、信仰心のあつい人間であった。また、死者の霊魂の扱いにも慎重で、姉《あねが》小路《こうじ》猪熊《いのくま》にあった橘逸勢《たちばなのはやなり》社の祭を、風流を尽くして盛大に行わせるなどしている。

安元三年（一一七七）六月には平家打倒を企てた鹿ヶ谷《ししがたに》の陰謀が発覚し、平清盛によって後白河院近習の輩が捕らえられ、院の執政が停止されるという事件が起こり、こうしたことも後白河院を精神的に追い詰めていく要因となった。八月三日にはそれまでは「讃岐院」と呼ばれていたものを「崇徳院」と改め、頼長には贈官贈位が行われた。これに引き続き成勝寺で法華八講が開催され、さらには寿永二年（一一八三）十二月二十九日には、神祠を保元の乱の時に崇徳の御所があった春日河原（現在の京都大学医学部附属病院敷地）に建立することが決定され、翌年四月十五日に造立が成った。崇徳院廟が西側に、頼長廟が東側に並び立ち、檜皮葺で鳥居はなく、外郭は築地塀で取り巻かれ、門が立っていた。

また崇徳院の寵愛を受けた烏丸局が、綾小路河原の自宅に私的に崇徳院御影堂を建立し供養を行っていたが、次第に公的な性格を持つようになった。

崇徳院廟が建立されて以降は、しばらく怨霊に関する記事は見られないが、後白河院が崇徳院怨霊をよりいっそう強く認識したのは、建久《けんきゅう》二年（一一九一）に院が病に冒されたときであった。これは安徳天皇《あんとくてんのう》の項で詳しく述べるが、長門に安徳天皇を供養するために御影堂が建立されたのとともに、讃岐の崇徳院陵にも御影堂が建立されて御陵の整備が行われたのである。怨霊の鎮魂は、後白河院にとって、みずからの正当性を確認し、王権を維持していく上で、欠くべからざる儀式であった。崇徳院怨霊は、その出発点は、保元の乱における崇徳院と後白河天皇という個人的対立にあったが、その鎮魂は王権維持のために絶対的意味を持つものとして、為政者にとっての急務の命題となったのである。

頼朝による鎮魂

そのため、源頼朝《よりとも》も鎌倉幕府を打ち立て、政権を掌握していく過程で、崇徳院怨霊鎮魂に深く関わっていく。頼朝と崇徳院怨霊との関係について確実な最も古い記録は、『吾妻鏡《あずまかがみ》』文治《ぶんじ》元年（一一八五）九月四日条である。頼朝は七月に起こった大地震を崇徳院怨霊によるものと考え、勅使大江公朝《おおえのきんとも》の帰京にあたって、後白河院に対して、崇徳院の御霊を崇めるべきであることを申し伝えている。ここからは、頼朝が崇徳院怨霊に対して、大変配慮していたことがわかる。また、同年十二月二十八日条には、北条政子《ほうじょうまさこ》に仕える女房である下野局《しもつけのつぼね》の夢に鎌倉権五郎景政《かまくらごんごろうかげまさ》が現れて政子に言うことには、崇徳院が天下に祟りをなすことをやめるように自分が申したけれども叶わなかったので、鶴岡八幡宮別当《つるがおかはちまんぐうべっとう》に祈禱をするように申してくれとの夢であった。こうした夢は何か天魔のなせるところであろうと、実際に国土無為の祈禱をするよう鶴岡若宮別当円暁《えんぎょう》に頼んだとある。怨霊同士、怨霊の世界で通じていたと認識されていたといえよう。

鎌倉権五郎景政は八幡太郎義家《はちまんたろうよしいえ》に従って後三年の役に参戦し、征矢《そや》で右目を射抜かれたが、その矢を抜かずに敵に応《こた》えの矢を射て討ち取ったという逸話の持ち主で、『保元物語』や『平家物語』において、大庭景能《おおばかげよし》や梶原景時《かじわらかげとき》ら子孫の名乗りの中に言及される人物であった。『新編相模風土記稿《しんぺんさがみふどきこう》』によると、鎌倉郡山之内庄坂之下村には景政の霊を祀るといわれる御霊社があり、眼を患う者はこの社に祈誓すれば往々にして霊験《れいげん》があるという。現在、景政を祀る鎌倉権五郎神社（御霊神社）は、景政の命日とされる九月十八日に面掛行列が行われることで知られている。

さらに、崇徳院が建立した成勝寺の修造についても、頼朝は積極的であった。頼朝は文治元年に実質的な全国支配権を獲得すると、翌年には早くも諸国にあてて成勝寺修造を速やかに行うよう命じている。これは、成勝寺を修復することが、崇徳院怨霊を鎮めて天下静謐となることにつながると考えていたためであった。頼朝は前年の十一月二十九日に、日本国惣追捕使《そうついぶし》・日本国惣地頭に任命され、諸国に守護《しゅご》・地頭《じとう》を設置するなど、全国的政権として権力を拡大させており、六月二十一日には、院宣を得て諸国武士の乱行《らんぎょう》を停止《ちょうじ》させるなどしていた。こうした勢力を全国に拡大していく早い時期に、崇徳院の菩提を弔う成勝寺の修造を命じていることは、当時の国家にとって崇徳院怨霊の鎮魂が重要な課題となっていたことがうかがわれる。

頼朝は、保元の乱の際に後白河天皇側に立って崇徳院を襲撃した義朝の息であり、義朝の後を受けて源氏の棟梁《とうりょう》となった。ゆえに個人的レベルで崇徳院怨霊の攻撃の対象となることを危惧していたことが予想される。しかし、それだけにとどまらず、日本を統治していくにあたって、為政者《いせいしゃ》たる者には、国家の中枢を震撼《しんかん》させていた怨霊という事象に正面から取り組み、その鎮魂を行うことにより国家の安寧をはかることが要求されていたのである。

さらに、京都に崇徳院を供養するための崇徳院御影堂が建立《こんりゅう》された際にも、頼朝が関与している。頼朝は崇徳院怨霊に対して、その慰撫のための諸策を講じることにより、後白河院の後を受けてみずからが政権を掌握していく立場にあることを自覚し、かつ宣言したのではないだろうか。

建久三年（一一九二）三月十三日、後白河院が亡くなると崇徳の怨霊に対する畏怖《いふ》の念は次第に弱まり、崇徳院廟は粟田廟と呼ばれるようになり、天変地異も崇徳院怨霊が原因であるとされることはなくなっていった。そして、善神への転換がなされていき、后妃の安産祈願が粟田廟に対してなされた例も見られる。これは崇徳が皇統を守護する神とみなされたからではないだろうか。崇徳院怨霊はこの後もことあるごとに登場してくるが、それは皇統に関して問題が生じたときであった。

安徳天皇と平氏の鎮魂

安徳天皇の処遇

元暦《げんりゃく》二年（一一八五）三月二十四日、わずか八歳で平家一門とともに壇ノ浦《だんのうら》に身を投げ、神璽《しんじ》・宝剣とともに海底へ沈んでいった安徳天皇《あんとくてんのう》（一一七八―八五）は、歴代天皇の中でも最も悲運の天皇として知られており、その怨霊《おんりょう》は平家の怨霊とともに意識された。

六月には平清盛《たいらのきよもり》の子で安徳天皇の外戚宗盛《むねもり》や、南都焼き討ちを行った重衡《しげひら》らが処刑され、残党平氏の処罰はひととおり終わり、七月三日には亡くなった安徳天皇をどのように弔うべきかが問題とされている。『玉葉《ぎょくよう》』には、後白河法皇《ごしらかわほうおう》から諮問《しもん》を受けた九条兼実《くじょうかねざね》が、外記の勘文を受けて奏上《そうじょう》した文書が引用されている。それによると、これまで追尊号が贈られていないのは淡路廃帝《あわじのはいたい》（淳仁天皇《じゅんにんてんのう》）のみであったが、そのときでさえ改葬修善のことは行われた。安徳の場合は逆賊の党類に伴われて宮城を出たといっても、幼い御心を察するに、それに合議していたのではないだろうから許すことには異議ないであろう、成人で悪いたくらみをした敵君（崇徳院《すとくいん》）でさえ怨霊に謝すために尊崇しているので、幼齢でまだ親に服している安徳には慈仁の礼を施すべきで、追号修善すべきであろう、外記中原師尚《なかはらのもろひさ》の勘申のように、長門《ながと》国に一堂を建て、安徳をはじめ戦場で命を落とした士卒らのために永代の作善《さぜん》を行ったならば、安徳への追尊が叶うばかりか、罪障を懺悔《ざんげ》することにもなる、ただし国土はことさら凋弊《ちょうへい》しており、堂の建立に煩いがあるのならば、火急に行う必要はないが、すみやかに行うべきであると述べている。

ところで、『吾妻鏡《あずまかがみ》』建保《けんぽう》二年（一二一四）四月十八日条の源実朝《みなもとのさねとも》による大慈寺供養《だいじじくよう》の記事において、以前勝長寿院以下の伽藍《がらん》の供養を三井寺《みいでら》・醍醐寺《だいごじ》から僧を招いて行ったときは、万民を煩わせ、作善の本意とならなかったことから、今度は関東の僧を用いるべきであるとの意見が出されたことが記されている。つまり、人々に負担を強いるような供養を行ったとしても、それは作善にはならないため、亡くなった人の供養にはならないということなのである。こうした考え方は、兼実の考え方と通じるのではないだろうか。すなわち、このときは、安徳天皇の怨霊が具体的に意識されているわけでなく、安徳および戦闘で亡くなった人々全体の追善供養ということが考えられているのである。これは後にも述べるが、院政期に高まってくる戦没者供養の一環と言える。そのため、慰霊のための堂の建立もとりわけ急がれてはいない。実際、七月九日の京都での大地震や頼朝《よりとも》追討宣旨さらには義経《よしつね》・行家《ゆきいえ》追討宣旨が発せられるなど混乱しており、安徳の処遇は問題にされなかった。

「徳」のある天皇へ

安徳のことが再び問題にされたのは、文治《ぶんじ》三年（一一八七）のことである。三月二十二日には後白河法皇が病に伏し、これは瘧《おこり》病だったという。そのため京の寺々で薬師経や千手《せんじゅ》経《きょう》の読経をはじめとした修法が行われたり、関東でも鶴岡八幡宮・勝長寿院・箱根山・走湯《そうとう》山などで大般若経転読が行われたりした。こうした中、四月四日には春日山が鳴動したり、七・八日には後白河の滞在する鳥羽殿において蟻《あり》が集まったり釜が吠えるという怪異が発生した。しかし後白河の震えははなはだしく、「ほとんど物狂ひ」のようであった。そうした中、九日には「崇徳院廟ことに祈り申さるべし」と命じられていることが注目される。原因の一つが怨霊にあるのではないかと考えられているのである。そして、四月二十三日に先帝の諡号《しごう》を安徳とする勅が下された。この諡号自体、天皇に「徳」があったことを示して、怨霊の鎮撫を行うための命名なのである。

その後しばらくは安徳への対応は見られないが、建久《けんきゅう》二年（一一九一）閏十二月、後白河が再び病に悩まされると、崇徳院と安徳天皇の怨霊への対応が試みられている。閏十二月十四日、九条兼実は後白河の近臣高階泰経《たかしなのやすつね》を通じて、両者が亡くなった讃岐と長門に堂を建立し、菩提を弔うよう法皇に勧めた。讃岐の崇徳院墓所に三昧堂《さんまいどう》を建立すべき旨は、安元三年の崇徳院怨霊が認識された初期の段階ですでに議論されていたが沙汰やみになっており、ここで再び議論されるに至った。そして十六日には「崇徳・安徳、両怨霊鎮謝の間のこと」が公卿に示され、二十二日にその決定がなされた。崇徳院については、讃岐国に一堂を建てて仏を置き、成勝寺での供養が行われることになり、安徳天皇については、長門国に一堂を建てることが決定された。

ここでの扱いは、後白河によって直接手が下された崇徳院に対しての鎮魂の方が主であり、安徳天皇の場合は崇徳に比べたら怨念は少ないであろうとみなされたためか、崇徳院に次ぐものとなっている。寿永《じゅえい》二年（一一八三）七月に平氏とともに安徳天皇が西海に落ちていったとき、翌月の神祇官や陰陽寮の卜占《ぼくせん》では、安徳天皇の還御《かんぎょ》を待つべきであると出ていたのに対し、後白河はあえて新帝の即位を推し進めた。その後安徳天皇は壇ノ浦の海中に沈むという非業《ひごう》の死を遂げていたので、後白河は、事実上安徳天皇の皇位を無視した皇位継承を遂行したために、安徳天皇の怨霊も意識するようになったのであろう。閏十二月二十八日に後白河から議定の内容を認める旨伝えられ、二十九日に宣下がなされた。

一連の鎮魂策を主導したのは九条兼実であり、さらにそのブレーンとして観性《かんしょう》という京都西山往生院の僧があったことが指摘されている（五味文彦『中世社会史料論』校倉書房、二〇〇六年）。長門国にはもとより存在していた阿弥陀堂が再興されて御影堂が中につくられたことにより、安徳天皇を祀る寺というように性格が変わっていった。

物語での安徳天皇と平氏

物語の世界では、安徳天皇および平氏はどのように描かれているだろうか。延慶本『平家物語《へいけものがたり》』では、安徳天皇が宝剣とともに海中に沈んでいった際、海底には龍宮城があり、「海ニ入ヌル者ハ必ズ龍王ノ眷属トナルト、心得テ候」と、安徳天皇以下が龍神の眷属となったことを建礼門院が夢に見ており、宝剣は「龍神是ヲ取テ龍宮ニ納テケレバ、遂ニ失ケルコソ浅猿《あさまし》ケレ」と龍神が奪い取ったとしている。そして、安徳天皇はその誕生の時から龍神の再誕として『平家物語』では叙述されている。このことから考えると、龍宮とは、天皇によって支配されている現世

図18　安徳天皇の怨霊を祀る赤間神宮（山口県下関市阿弥陀町）

を、見えない力によって操るもう一つの世界であると認識されていたことがわかる。そして、現世が混沌とした状況になればなるほど、龍宮の存在が意識されていったのである。

平家が滅亡したあと大地震が起きて多大な被害が出たことに対して、『平家物語』では平家の怨霊の仕業《しわざ》であることを述べているが、『愚管抄《ぐかんしょう》』巻第五では、「事モナノメナラズ龍王動トゾ申シ。平相国龍ニナリテフリタルト世ニハ申キ」と記している。平清盛が龍となって地震を起こしているというのだが、龍王動とは、地震の原因としてあげられる火神動・龍神動・金翅鳥《こんじちょう》動・帝釈動の四種のうちの一つである。このため、地震は龍神の仕業であると理解されていたのである。

災異は人為によって支配することができず、その頻発は天皇の徳の欠如を意味していた。そのとき現世を超越した世界として構想されたのが龍宮であり、天皇と対峙《たいじ》する龍神であった。ゆえに人知を超越し、天皇が支配する現世を左右する存在として、龍神は怨霊と結びつくのである。そのため、国家と関わる怨霊の鎮魂は、王権にとっては欠かすことのできない行為であった。

また、保元の乱から暦応《りやくおう》二年（一三三九）の後醍醐天皇《ごだいごてんのう》死去までを記した『保暦間記《ほうりやくかんき》』は、崇徳院怨霊の発生から語り始め、その猛威を語って終わっており、怨霊に関わる記事は歴史叙述の要所に配されていて、怨霊による歴史の説明は、本書を支える重要な柱の一つとされているが（佐伯真一「『保暦間記』の歴史叙述」『伝承文学研究』四六、一九九七年）、平家が滅亡したときのことを以下のように記している。

> 同（元暦二年（一一八五年））七月、平家悉滅シ畢《おわり》テ、国モ安堵ノ思ヲ成処ニ、同九日、大地震スルコト良久《やや》シテ、堂塔、御所、内裏破損ス。主上、鳳輦ヲ奉テ、池上ノ船ニ浮ハセ玉フ。人々、家ノ中ニ住スル事ナシ。然レトモ、程歴《へ》ニケレハ、止ム。是偏《これひとえ》ニ、十善帝王（安徳天皇）、公卿殿上人、オヽク波底ニ沈、三公以上ノ首ヲ渡シテ懸ラレシカハ、カヽル怨念ニコソト申ケル。

平家滅亡後に起こった大地震をやはり平家や安徳天皇の怨霊の仕業としている。そして、源頼朝はずっとこの怨霊に苦しんでいたことを記しているのである。

鎌倉幕府による怨霊への対処

鎌倉を怨霊から守る

鎌倉幕府を作り上げた源頼朝《みなもとのよりとも》については、京都の朝廷における旧弊から脱却して、武士中心の清新な政権を鎌倉に作り、武力のみに頼って怨霊《おんりよう》など意に介しなかったようなイメージがあるかもしれないが、実際はその反対で、霊魂の扱いには細心の注意を払い、宗教世界をとても重視していた。後白河院《ごしらかわいん》の場合は、変異への対応として、神仏への祈禱を先にし、それを怨霊の仕業《しわざ》とみなすことはできるだけしないようにしていた。そのため対応が後手後手にまわり、亡くなるまで怨霊に悩まされることになった。それに対して頼朝は、奥州平定後すぐに永福寺《ようふくじ》を建立するなど、怨霊の跳梁《ちょうりょう》を事前にくい止めようと、霊の鎮魂には細心の注意を払っている。この

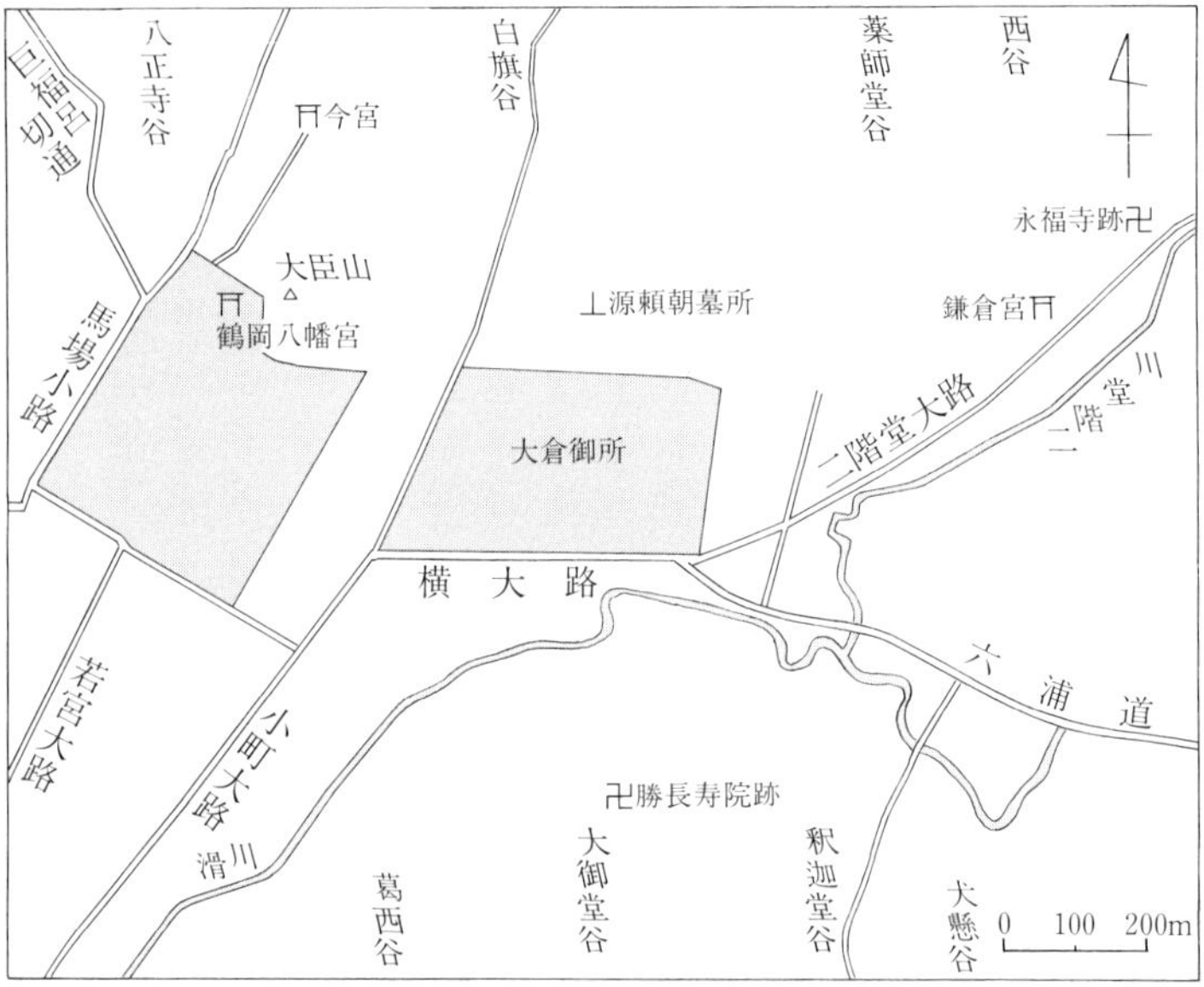

図19　鎌倉の寺社配置図

背景には、怨霊の存在が当然のごとく信じられていたという時代状況があり、頼朝もその点を周知していたからと言えよう。

鎌倉の四周には、頼朝の入部前にすでに東南に八雲神社（祇園天王社）、東北に荏柄《えがら》天神社、西南に坂ノ下御霊神社、西北に佐助稲荷が祀られており、神仏の加護が期待された。そこへ頼朝は、鶴岡八幡宮《つるがおかはちまんぐう》・勝長寿院・永福寺を幕府のあった大倉御所のまわりに配置し、怨霊が入り込まないようにして神仏による幕府の守護を願った。これら寺社は怨霊と関連した寺社であることから、頼朝は怨霊を防ぐことによって政権を維持しようとしていたと言えるのではないだろうか。そして、頼朝が亡くなると幕府を見下ろす北山に法華《ほっけ》堂が造られ、頼朝の霊魂は北辰（北極星）と同一視されて大倉にある源氏将軍を見守った。それでは以下において、これら寺社について考えてみたい。

鶴岡八幡宮

まず最初に鎌倉における源氏の氏神であり、幕府にとってもっとも重要な神社であった鶴岡八幡宮について見てみたい。鶴岡八幡宮創建の目的にも、鎌倉幕府に敵対した人々を中心に、保元《ほうげん》・平治《へいじ》以来の合戦に敗れた人々の怨霊の鎮魂があったとされる（山本幸司『頼朝の精神史』講談社、一九九八年）。鶴岡八幡宮の発端は、康平《こうへい》六年（一〇六三）八月、頼朝の祖頼義《よりよし》が前九年の役のときひそかに石清水《いわしみず》八幡宮を勧請《かんじょう》し、瑞垣を由比郷（今、下若宮と号す）に建てたことに始まり、永保元年（一〇八一）二月に義《よし》家《いえ》が修復を加え、それを小林郷に遷したとされる。しかしその後、建久《けんきゅう》二年（一一九一）三月四日に若宮神殿廻廊経所などがことごとく灰燼《かいじん》と化してしまったが、八日には若宮仮宝殿造営が始まり、四月二十六日に若宮の地にはじめて八幡宮を勧請したとされている。

頼義の勧請した若宮は、前九年の役で亡くなった死者の霊魂を鎮魂するために、石清水八幡宮の若宮を祀ったものであって、そこに建久二年に本宮の八幡宮をはじめて勧請したものと思われる。そのため、現地の武士である大庭《おおば》・梶原《かじわら》ら鎌倉権五郎《かまくらごんごろう》景政《かげまさ》の系譜を引く人々が、景政の鎮魂を行うとともに若宮の祭祀に関わるようになり、若宮と御霊神との習合が見られ、そうした若宮に対し、頼朝が源氏の守護神としての八幡宮をあらたに勧請したと解釈できる。また、鶴岡の供僧中に、平氏一門の人間を多く登用しているのも、鶴岡八幡宮が怨霊鎮魂という面も引き続き持っていたことを意味していよう。さらには、鶴岡放生会《ほうじょうえ》は文治三年（一一八七）八月十五日に始まったが、このころは頼朝の立場がひとまず安定した時期であり、石清水放生会では放生の功徳《くどく》を説く最勝王経が経供養で読み上げられたのに対し、鶴岡放生会では滅罪の効果があるとされた法華経が読まれていることから、平家を滅ぼした源氏側の滅罪と死んだ平家の人々の救済のために放生会を始めたので

図20　源氏の氏神でもある鶴岡八幡宮（神奈川県鎌倉市雪ノ下）

はないかと推測されている（松尾剛次『中世都市鎌倉の風景』吉川弘文館、一九九三年）。

また、建久五年三月二十五日に伊豆願成就院において伊東祐親《いとうすけちか》・大庭景親《おおばかげちか》以下の没後を弔うために如法経十種供養を行ったり、同年閏八月八日に志水冠者義高《しみずかじゃよしたか》追福のための仏事が行われたりしている。このときは、「幽霊往事等」が述べられ、聴衆は皆随喜《ずいき》して嗚咽《おえつ》し、悲涙を拭いたとされているが、こうした記事から頼朝が死者の霊魂に敏感で、その供養に心を配っていたことがうかがえよう。

勝長寿院

次に鎌倉雪ノ下《ゆきのした》にあった、現在廃寺である勝長寿院

図21　源義朝の菩提を弔う勝長寿院跡（神奈川県鎌倉市雪ノ下）

について見てみる。勝長寿院建立の目的は、非業《ひごう》の死を遂げた父義朝《よしとも》の菩提を弔うことにあった。頼朝の父義朝は、平治の乱に敗れて尾張《おわり》国知多《ちた》郡に逃れ、野間の内海《うつみ》庄司長田《おさだ》忠致《ただむね》を頼って、その保護により東国へ赴こうとしたが、平治二年（一一六〇）正月三日、忠致に謀殺され、その首は京都に送られ、東獄門前の樹にかけられた。文治元年（一一八五）八月に頼朝は義朝の首を迎えるために、白装束に着替えて鎌倉の西を流れる稲瀬川《いなのせがわ》まで出向いて受け取った。そして九月三日に義朝の郎従鎌田正清《かまたまさきよ》の首とともに南御堂（勝長寿院）に埋葬したのであった。頼朝みずから御堂の仏後壁の浄土瑞相や二十五菩薩像に注文をつけるなど、勝長寿院の建立には並々ならぬ意欲を見せた。本尊は丈六の阿弥陀《あみだ》像で成朝《じょうちょう》によるものであった。そして、十月二十四日には頼朝が来臨し、多数の御家人《ごけにん》が見守る中、盛大な落慶法要が行われた。そして翌日には義経《よしつね》追討の軍勢が進発している。

こうしたことから、頼朝は無念の死を遂げた父義朝の首を迎えて霊の鎮魂を行い、その功徳によってみずからを守護してくれることを願って勝長寿院を建立したと位置づけることができる。そのため、勝長寿院建立に向けての諸儀式を行う際の日取りは、頼朝による軍事関連事項の日程と密接に関係している。こうしたことは、戦闘の成功を義朝の霊に報謝・祈願するためであったと解釈することができよう。さらに、義朝の忠臣鎌田正清を同時に祀っていることから、配下の御家人に対して軍忠を励むべきことを訴えているとも言えよう。霊魂の鎮魂は純粋に精神的問題であるのではなく、政治的問題と密接にからみついていたのである。そして勝長寿院は源氏の菩提寺という性格も持っていった。

勝長寿院では、文治二年七月十五日以来、盂蘭盆《うらぼん》の際にはしばしば頼朝来臨のもと万灯《まんとう》会《え》が行われているが、建久元年（一一九〇）七月十五日には、平家滅亡の衆たちの菩提を弔うために万灯会が行われている。

今日、盂蘭盆の間、二品勝長寿院に参り給う。万灯会を勤修《ごんじゅ》せらる。これ平氏滅亡衆等の黄泉を照らさんがためと云々。

義朝の祀られている勝長寿院においてあえて平氏の霊魂を供養しているのは、四月十三日に一条能保《いちじょうよしやす》室である頼朝の妹が難産のため四十六歳で死去したことと関係があるものと思われる。五月三日にも勝長寿院で妹追善のための仏事が行われていることから、妹が亡くなったことは頼朝にとって大きな衝撃であり、それが壇ノ浦に沈んだ平氏の怨念によるものと受け取り、先祖に怨霊からの守護を願ったのではないだろうか。

永福寺

最後に永福寺について述べたい。文治元年（一一八五）以降、義経は頼朝との関係が悪化し、畿内各地を転々として逃亡したが、文治三年には若年の頃を過ごした奥州の藤原秀衡《ふじわらのひでひら》を頼って逃れていった。しかし、この年の冬、義経をかくまった秀衡が亡くなり、跡をついだ泰衡《やすひら》は朝廷からの要求と頼朝の圧迫とに屈し、文治五年閏四月三十日に衣川館にいた義経を急襲し、義経は自害した。義経の首は、亡母追善のための塔供養があるため途中で逗留《とうりゅう》させ、六月十三日に腰越《こしごえ》に着き、首実検が行われた。兄によって殺された悲劇の人物義経を怨霊として見る見方は『保暦間記《ほうりゃくかんき》』などに見られるが、義経に対する同情は「判官《ほうがん》びいき」として受け継がれ、江戸時代になると、死

図22　源義経・藤原泰衡の菩提を弔う永福寺跡（神奈川県鎌倉市二階堂）

んだはずの義経が実は生き延びていたとして、さまざまな虚構が作られていく。

義経を殺したことにより、頼朝の要求を受け入れたはずの泰衡であったが、頼朝は予定行動的に文治五年七月十九日、鎌倉を出立《しゅったつ》し、奥州討伐へと向かった。頼朝は八月二十二日に平泉に達したが、泰衡は館に火を放ってすでに逐電《ちくでん》していた。そこで九月二日に泰衡を追って厨川《くりやがわ》に向けて進軍を開始し、六日には家人河田次郎《かわだのじろう》の裏切りによって討たれた泰衡の首が陣岡《じんがおか》にいた頼朝の宿所に届けられた。泰衡の梟首《きょうしゅ》は、前九年の役で頼義が安倍貞任《あべのさだとう》を梟首した例にならって執り行われ、長さ八寸の鉄釘により打ちつけられた。その後頼朝は厨川まで北上し、二十三日には平泉《ひらいずみ》に戻って秀衡建立の無量光院《むりょうこういん》を巡礼するなどして、十一月十八日に鎌倉に凱旋している。

そして、その直後に鎌倉において永福寺創建の事始めが開始された。永福寺は奥州藤原氏初代清衡《きよひら》創建の平泉中尊寺にある二階大堂と呼ばれている大長寿院を模して、鎌倉にも二階堂を建立しようとしたのであった。建立の目的は、奥州合戦によって亡くなった数万の人々の怨霊をなだめ、「三有《さんう》の苦果」から救うことにあった（『吾妻鏡《あずまかがみ》』文治五年十二月九日条）。三有とは、欲界・色界・無色界の三界に生存し、生死を繰り返す迷いの世界のことを言い、そうした世界から抜け出させ、霊魂を安んじることが永福寺建立の主眼であった。また、「関東長久の遠慮を廻らしめ給うの余り、怨霊を宥めんと欲す。義経と云い泰衡と云い、指せる朝敵に非ず。ただ私の宿意を以て誅亡するが故なり」（『吾妻鏡』宝治《ほうじ》二年二月五日条）とあるように、永福寺建立は、自身の宿意により殺めることとなった源義経・藤原泰衡の怨霊をなだめ、幕府の安泰たらんことを希求するためであったことがわかる。

奥州藤原氏の怨霊

ちょうどそのころ、彼ら怨霊の存在が取りざたされており、奥州からの飛脚《ひきゃく》が来て言うことには、義経、木曾義仲《きそよしなか》の子息義高《よしたか》、藤原秀衡の子息泰衡らが同心合力して鎌倉に向かおうとしているとの風聞があったことを告げている。三人ともすでにこの世にはなく、頼朝によって殺害された三人の怨霊が鎌倉に向かって復讐を遂げようとしているとの噂であった（『吾妻鏡』文治五年十二月二十三日条）。このうち志水義高は、頼朝と義仲との仲が険悪になった時、人質として鎌倉に送られ、頼朝の長女大姫《おおひめ》の婿として迎えられたが、寿永三年（一一八四）正月二十日、義仲が近江《おうみ》粟津で討たれると、復讐を恐れた頼朝は義高を殺そうと計画した。四月にそれを知った大姫は、義高を女房の姿にして逃げさせるが、義高は武蔵国入間川原で堀親家《ほりちかいえ》の郎従に討たれたのであった。

奥州においてこうした風聞があったということは、非業の死に追い込まれた人物の名を騙《かた》って、反乱を企てようとした勢力があったことを意味していよう。そのため、頼朝は翌日すぐさま奥州へ使者を派遣し、様子を報告させており、二十八日には平泉無量光院の供僧を捕らえてその由を尋ねたところ、ただ昔を懐かしんで歌を詠んだだけであって、異心はないことを告げている。

しかし、風聞は本当であり、大河兼任《おおかわかねとう》が藤原泰衡の仇を討つとして挙兵した。これに関して、一族の怨敵に報いることは尋常のことであるが、主人の仇を討つ例はこれが初めてだと『吾妻鏡』では述べられている。そして、義経や義高と号して反乱を企て、七千余騎を率いて秋田城・多賀国府を襲った後、鎌倉へ向かおうとしていた。このとき、義経や義高の名を用いて挙兵していることは、人々の心の底に潜む両者への哀悼の念を利用したものと言えよう。兼任は栗原において幕府追討軍に敗れ、これにより幕府の奥州支配は貫徹したのであった。

鎮魂のための寺社整備

一方、鎌倉に建立された永福寺は、扉や仏後の壁画図は修理少進藤原季《ふじわらのすえ》長《なが》が書いたものであって、基衡《もとひら》が建立した毛越寺《もうつじ》の中心伽藍《がらん》であった円隆寺のものを模していた。建久三年（一一九二）十一月二十日には営作が終わり、十一月二十五日に供養が行われ、園城寺《おんじようじ》僧公顕《こうけん》を導師として曼荼羅供《まんだらく》があり、頼朝をはじめ多数の御家人が参列した。翌建久四年には阿弥陀堂、五年には薬師堂が完成し、建仁《けんにん》二年（一二〇二）に多宝塔が造られるなど、伽藍の整備が次々と行われた。永福寺の浄土建築は奥州藤原氏の後生安穏を願ってのものと言える。

奥州藤原氏の怨霊は、ひとり頼朝にのみ祟るわけではなかった。常陸《ひたち》国御家人小栗《おぐり》十郎重成《じゆうろうしげなり》は、泰衡庫倉に所蔵されていた重宝のうち、玉幡《ぎよくばん》を持ち帰って氏寺の飾りとしていたが、毎夜夢中に山伏《やまぶし》が数十人群集して枕元に現れ、その幡を返すように迫るということが十日間続いた。そのため心神に異常が生じて、鹿島社造営奉行を辞退せざるを得なくなった（『吾妻鏡』建久四年七月三日条）。泰衡の怨霊が、自身が所持していた品物にも乗り移っていたことを読み取ることができ、怨霊の強さを人々が認識していた様子がわかる。

平泉の寺塔が荒廃することは、奥州藤原氏の菩提を弔うことができず、霊魂を嘆かせて怨霊の発動をうながすことにつながると思われていたため、頼朝は堂舎の維持に敏感になっていた。『吾妻鏡』建保《けんぽう》元年（一二一三）四月四日条には、甲冑《かっちゅう》法師の一人が北条政子《ほうじょうまさこ》の夢中に現れ、平泉寺塔の陵廃を恨み、さらには子孫のためにもならないと述べたことを記している。四月三日は秀衡の命日にあたるので、甲冑を着て登場した人物は秀衡ではないかと人々が談じあったのであった。そのため翌日には平泉寺を修復すべき旨が北条義時《よしとき》から言い渡された。奥州藤原氏の怨霊は、頼朝が亡くなって以降も祟りが恐れられ、鎌倉の為政者にとってその供養は重要な課題であった。

その後、鎌倉の永福寺の方も、建立されて以降幾度かの火災に遭ったりなどし、各所に傷みが生じてきていた。寛元《かんげん》二年（一二四四）四月ごろ修造が計画され、七月五日に永福寺ならびに両方の脇堂の修造に着工したものの、宝治二年（一二四八）になってもいまだ修造は完了していなかった。そこへ北条時頼《ときより》に霊夢の告があったことにより、修造を急ぐ

図23　怨霊を封じ込めた中尊寺金色堂旧覆堂（岩手県西磐井郡平泉町）

よう命じられた。来年は時頼の二十七歳の御慎《おつつしみ》の年であり、さらには義経および泰衡一族が亡んだ干支に当たっているために、その供養が必要だったのである（『吾妻鏡』宝治二年二月五日条）。そしてさらには、泰衡百回忌かつ平泉滅亡百回忌である正《しょう》応《おう》元年（一二八八）には、将軍惟康親王《これやすしんのう》および執権北条貞時《さだとき》らによって、中尊寺《ちゅうそんじ》金《こん》色堂覆堂《じきどうおおいどう》の修理が行われた。

金色堂の意味

中尊寺金色堂の須弥壇《しゅみだん》内には、当初は金箔《きんぱく》押の木棺に納められた清衡・基衡・秀衡の遺骸が安置されていた。しかし、奥州藤原氏が滅亡して泰衡の首が安置されたことにより、金色堂の性格が大きく変化した。すなわち、当初は葬堂としての性格を持っていたが、鎌倉幕府にとっては不気味な存在となり、事実上罪なくして滅ぼされた奥州藤原氏の鎮魂、すなわち怨霊の封じ込めが緊要であったために、年忌に当たる年には修理が命じられたと考えられている（大矢邦宣「中尊寺金色堂内両脇壇再考」（『岩手史学研究』七〇、一九八七年）。さらには、金色堂覆堂についても、風雪から金色堂を保護するといった性格のものではなく、金色堂の光を隠蔽して怨霊を封じ込め、金色堂に宿る怨霊の恐ろしい視線を遮るという意味を持っていたとされる（入間田宣夫「中尊寺金色堂の視線」羽下徳彦編『中世の地域社会と交流』吉川弘文館、一九九四年）。秀衡の平泉館は、金色堂の東方に位置し、先祖の霊魂によって見守られていた。そうした視線が、平泉を滅亡させた鎌倉の人々にとっては驚異に感じられ、それを隠すために覆堂が造られたと考えられている。幕府側の人々は、鎌倉において泰衡らの供養を行う一方、本拠地であった平泉においても供養を行うとともに、怨霊の視線を鎌倉にまで及ぼさないよう配慮したのであった。

源頼朝の死と怨霊

不思議な死

源頼朝《みなもとのよりとも》は建久《けんきゅう》九年（一一九八）末病気にかかり、翌年正月十一日に出家し、十三日に五十三歳で亡くなっている。『吾妻鏡《あずまかがみ》』では、建久七年正月から建久十年（正治《しょうじ》元年）正月まで、三年あまり欠けていることから、頼朝の死について具体的に知ることはできない。頼朝の死については、亡くなってから十三年ほどたった建暦《けんりゃく》二年（一二一二）二月二十八日条に、稲毛重成《いなげしげなり》が亡妻（政子の妹）追福《ついふく》のため相模川に橋を架けた際、その落成供養に出かけ、「還路に及び御落馬有り。幾程を経ず薨《こう》じ給ひをはんぬ」と、帰路において落馬したことが原因で死亡したとされている。死亡月日は諸記録により明らかだが、死亡原因についてはさまざまな憶説が生まれた。同時代史料の日記である『猪熊関白記《いのくまかんぱくき》』では、頼朝は「飲水により重病」とあり、糖尿病であったとしている。また、『明月記《めいげつき》』では、「所労により獲麟《かくりん》」とあり、『業資王記《なりすけおうき》』では「所労により遁世」とあるが、これらはみな伝聞であった。

呪われる頼朝

こうした中、十四世紀中頃成立したとされる『保暦間記《ほうりやくかんき》』が、頼朝の死亡原因を怨霊とする最も早い例であり、これ以降、室町物語『さがみ川』では、相模川に義経《よしつね》の怨霊が登場するなど、江戸時代には怨霊により亡くなったとする説が広く知れ渡っていた。『保暦間記』では「頼朝若シテ平家ヲ滅シ、十善帝王ヲ海中ニ沈メ奉リ、親《まのあた》リ多ノ人ヲ失事、此怨霊コソ怖シケレ」のように、頼朝が平家を滅ぼし、安徳天皇《あんとくてんのう》を海中に沈めたことにより、その怨霊が頼朝の近親者を多数死に至らせたことを述べている。さらに、頼朝の死の場面では、『吾妻鏡』の記事をふくらませて、怨霊の出現を記している。

同冬、(建久九年)大将殿、相模河ノ橋供養ニ出テ還ラセ玉ヒケルニ、八的カ原《やまとがはら》ト云処ニテ、亡サレシ源氏、義広《よしひろ》、義経、行家已下《ゆきいえいか》ノ人々現シテ、頼朝ニ目ヲ見合ケリ、是ヲハ打過玉ヒケルニ、稲村崎ニテ、海上ニ十歳計《ばかり》ナル童子ノ現シ玉ヒテ、汝ヲ此程随分ウラナヒツルニ、今コソ見付タレ、我ヲハ誰トカ見ル、西海ニ沈シ安徳天皇也トテ、失給ヌ、其後、鎌倉へ入玉ヒテ、則病著《すなわちやまいいちじるしく》玉ヒケリ、次年正月十三日、終《つい》ニ失給、五十三ニソ成玉フ、是ヲ老死ト云ヘカラス、偏ニ平家ノ怨霊也、多ノ人ヲ失ヒ給シ故トソ申ケル、

頼朝が相模川の橋供養に出かけた際、八的カ原というところで、頼朝によって滅ぼされた源義広、義経、行家以下の人々が現れて、頼朝を睨んでいた。さらに、ここを過ぎて稲村ヶ崎に着いたところ、海上に十歳ばかりの童子が現れて、西海に沈んだ安徳天皇であると述べた。そして、頼朝は鎌倉に入ると病気となり、翌年五十三歳で亡くなった。これは老死ではなく、ひとえに平家の怨霊によって呪われたのであり、多くの人々を死に追いやったことによる祟りであるとするのが『保暦間記』の解釈である。

怨霊が登場した八的ケ原は、現在の藤沢市辻堂《つじどう》付近の海岸であり、鎌倉の境界の地であって、付近ではしばしば処刑が行われており、頼朝を狙う怨霊が出現する場所に似つかわしいと考えられる（生嶋輝美「鎌倉武士の死刑と斬首―『吾妻鏡』・軍記物にみるその観念と作法―」（『文化史学』五四・五五、一九八八・八九年）。

源（志太）義広は頼朝の伯父で、常陸《ひたち》国志太《しだ》庄を中心に勢力を張っていたが、数万余騎を率いて鎌倉を攻撃しようとし、はじめは偽って義広に同意の様子を見せていた小山朝政《おやまともまさ》

らと戦って敗北したのち、義仲《よしなか》の軍に投じた。寿永三年（一一八四）正月頼朝の代官義経らの軍を宇治・一口《いもあらい》方面に防戦して敗北し、行方不明となった。『吾妻鏡』では、元暦元年（一一八四）五月四日に伊勢《いせ》国羽取山《はとりやま》で波多野・大井・山内らと戦って敗れて斬首されたとされ、『平家物語《へいけものがたり》』では、文治元年末、義経とともに頼朝に反抗した後、その翌年伊賀国千戸《せんど》の山寺で自殺し、首を取られたとされている。

行家は義経とともに頼朝に対抗しようとした人物で、追討の院宣《いんぜん》が下され、文治二年（一一八六）五月十二日和泉《いずみ》国在庁日向権守清実の小木《こぎ》郷の宅に潜んでいるところを捕らえられ、斬首された。

そして、源氏の将軍が三代で終わってしまったことについても、

　頼朝ノ跡一人モ不残《のこらず》、三代将軍、僅四十余年カ内絶ヌルコト、偏《ひとえ》ニ多ノ人ヲ失玉ヒシ、此罪トソ申伝タル、

のように、多くの人を殺した罪によるものだと解釈している。こうした考え方は『明月記』文暦元年（一二三四）八月二日条でも、源頼家の娘竹御所が難産で死去したときに、藤原定家《ふじわらのさだいえ》は「故前幕下《（頼朝）》の孫子今において遺種なきか、平家の遺系嬰児を召し取りことごとく失命す。物皆何の為に報い有らんや」と感想を述べている。頼朝の子孫が途絶えてし

まったことに対して、平家の怨霊がそうさせたのではないかと解釈し、因果応報の観念に基づいた見方をしているのである。『保暦間記』でも、頼朝の悪行がみずからを死に導いたとする因果応報の観念に基づいており、それを怨霊として表現しており、共通した見方といえよう。

荒れ狂う後鳥羽院怨霊

鎌倉時代に登場した怨霊《おんりょう》の中で、社会に大きな影響を及ぼしたのが後鳥羽院《ごとばいん》（一一八〇―一二三九）の怨霊である。後鳥羽院の怨霊は京都とともに鎌倉でも恐れられ、『保元物語《ほうげんものがたり》』に描かれる崇徳院《すとくいん》怨霊も後鳥羽院怨霊の影響下で形成されたと考えられる。それでは後鳥羽院が怨霊化していく過程について見てみよう。

後鳥羽院の生霊

鎌倉幕府に不満を持つ公家たちは、幕府内部の混乱に乗じて公家勢力の回復を試み、承久《じょうきゅう》三年（一二二一）五月十四日、後鳥羽上皇による執権北条義時《ほうじょうよしとき》追討の院宣《いんぜん》を契機として承久の乱が巻き起こった。しかし、幕府の大軍に完敗し、幕府によって後鳥羽院の兄守貞親王《もりさだしんのう》（後高倉院《ごたかくらいん》）が天皇を経験せずに上皇とされ、仲恭天皇《ちゅうきょうてんのう》は廃され、守貞親王の皇子（後堀河天皇《ごほりかわてんのう》）が天皇となった。そして、七月には後鳥羽院が隠岐《おき》へ、順徳院《じゅんとくいん》は佐渡へ流された。また、土御門院《つちみかどいん》は倒幕計画に直接関わらなかったため罪に問われなかったが、京都にとどまることをいさぎよしとせず、幕府に申し出て土佐へ配流《はいる》され、のち阿波に移った。

図24　後鳥羽院画像（大阪府・水無瀬神宮所蔵）

崇徳院が配流地でつつましく生活をしていたのと対照的に、後鳥羽院は自分を流した幕府に恨みを抱き、京都に戻りたいと強く思っていた。

われこそは新島守よおきの海の荒き浪風心して吹け（『遠島御《おんとうご》百首《ひゃくしゅ》』）

という後鳥羽院の歌からは、流されて滅入るのではなく、自分の存在を知らしめようとする強い意志が感じられる。こうした後鳥羽院の性格も、生存中から怨霊の存在が噂された原因となっていよう。

『明月記《めいげつき》』嘉禄《かろく》元年（一二二五）六月十三日条には、奇怪な事件を載せている。琵琶湖《びわこ》のほとりの志賀浦に奇妙な鳥が集まってきたが、その鳥の大きさは唐鳩くらいで、色は青黒、翅《つばさ》ははなはだ広く、引き延ばすと三尺五寸ほどで、羽がたくさん生えていた。足は四本で、水鳥の足のようであった。人々が集まって鳥を捕らえたところ、その鳥は非常にか弱く、皆で見ていじったりしているうちに死んでしまった。数日間に人々が競い取ったため、鳥の数は次第に少なくなり、ある者はその鳥を食べたところ、即座に死んでしまったという。それに加え、比叡山《ひえいざん》に大雨が降ったことにより、藤原定家《ふじわらのさだいえ》は「仏法王法滅亡之期」と記している。その鳥に関しては、「又或説に云く、くだんの鳥水鳥の中に本《もと》よりこれあり。名は隠岐の掾《じょう》と云ふと云々」のように、隠岐の掾と呼ばれる鳥が人々を死に追いやったのだとの風聞も立った。この鳥には隠岐に流された後鳥羽院が重ね合わされている。

さらには、翌日に、政所別当《まんどころべっとう》で承久の乱の際には積極的に京都に攻め上ることを主張した大江広元《おおえのひろもと》が亡くなり、七月十一日には北条政子《ほうじょうまさこ》が亡くなるということがあったが、北条氏はこれらの背景に後鳥羽院の生霊《いきりょう》があると認めることは拒否していた。

『明月記』安貞《あんてい》元年（一二二七）七月十一日条には、清水の鐘楼《しょうろう》の下に縛りつけられていた法師が見た夢として、近頃の天狗《てんぐ》が跳梁《ちょうりょう》している背景に、鎌倉の竹中にいる崇徳院と、隠岐島にいる後鳥羽院があるということを記している。樋口州男氏によると、鎌倉の竹中とは、平治の乱で破れた源頼朝《みなもとのよりとも》の父義朝《よしとも》の首が埋葬された勝長寿院を指すという（樋口州男「鎌倉勝長寿院の影」『三郷市史研究』一八、二〇〇六年）。後白河院が亡くなって以降、崇徳院怨霊への怖れは弱まっていたが、後鳥羽院の隠岐配流をきっかけとして再び登場してきているのである。

それからしばらくたった天福《てんぷく》元年（一二三三）九月十八日、後堀河院の中宮藻壁門院竴《よし》子《こ》が御産にともない死去し、翌年の五月二十日には仲恭天皇が亡くなり、後堀河院も八月六日に亡くなったが、そのことに関して、鎌倉末期の歴史物語である『五代帝王物語《ごだいていおうものがたり》』「後堀河院崩御事」の項には、

代々ノ帝王短祚御坐ス例ノミ多カレトモ、女院ノ御事打ツヽキ此事ノイテキヌル、イカニモ子細アル事也。後鳥羽院ノ御怨念、十楽院僧正ナトノ所為ニヤトソ申アヒケル。或人ノ申侍シハ、誠ニヤアリケム、カヽル事ハ虚言ノミ多カレハ、偏ニ信ヘキニアラネトモ書付侍リ。

と記しており、天台座主の勅約を反故にされて憤死した十楽院僧正仁慶《にんけい》の祟りとともに、

図25　後鳥羽院の遺骨を安置した大原法華堂（京都市左京区）

図26　後鳥羽院の火葬塚（島根県隠岐郡海士町）

後鳥羽院の怨念が都人に意識されていたことがわかる。後堀河院は後鳥羽院の兄である後高倉院の子で、承久の乱後即位し、後高倉院なきあとは親政を行い、四条天皇《しじょうてんのう》に皇位を譲った後は院政を行った。このような天皇が早世したことに対し、人々は後鳥羽院の怨霊がそうさせたものと意識した。そのため、後鳥羽院を京都に還幸させようとする動きもあった。この時期、朝政を握っていたのは九条道家《くじょうみちいえ》であり、道家は後鳥羽の怨霊が皇統や天皇家の外戚である九条家に祟っていることを痛感し、鎮魂を主導した。

嘉禎《かてい》三年（一二三七）八月二十五日の奥書をもつ後鳥羽院置文案には、「この世の妄念にかゝはられて、魔縁ともなりたる事あらば、この世のため、障りなす事あらんずらん」との記述があり、迷いの心によって魔縁となったならば、怨霊となって祟ることを宣言している（松原靖明「この世の妄念にかかはられて―後鳥羽院の怨霊―」『帝塚山短期大学紀要』人文社会科学編一八、一九八一年）。また、この置文案の文言は『保元物語』の崇徳院の記事と通じるところが多々あり、後鳥羽院怨霊をもとに『保元物語』での崇徳院怨霊記事が創作されたことを想像させる。

怨霊の跳梁

延応《えんおう》元年（一二三九）二月二十二日に後鳥羽院が亡くなってからは、怨霊の存在がますます恐れられるようになった。五月には遺骨が分骨されて、

図27　後鳥羽院の怨霊を祀る鶴岡八幡宮今宮（神奈川県鎌倉市雪ノ下）

一部は侍臣藤原能茂《よししげ》が首にかけて大原の西林院の御堂に安置された。また、暦《りやく》仁《にん》二年（一二三九）二月十日の後鳥羽院置文に基づいて、後鳥羽院の離宮水無瀬《みなせ》殿《どの》のあった水無瀬の地には、仁治《にんじ》年間（一二四〇—四三）に近臣の藤原信成《のぶなり》・親《ちか》成《なり》父子によって御影堂が建立され、後鳥羽の菩提が弔われた。そして、この建立に際しては北条泰時《やすとき》の支援もあった（中村直勝『天皇と国史の進展』賢文館、一九三四年）。

後鳥羽院の怨霊の鎮撫は、崇徳院の例を参考に、それまでは「隠岐院」と呼ばれていた上皇に、「顕徳院」の名が贈られた。しかし、それにもかかわらず、後鳥羽院怨霊に起因すると考えられた天変地異や三浦義村《みうらよしむら》の頓死などが相次ぎ、北条氏も崇徳院怨霊の存在から目をそらすことができなくなった。北条泰時が悶絶しながら亡くなったことも「顕徳院御怨念甚深《じんしん》」のように後鳥羽院怨霊の仕業《しわざ》とみなされ、鎌倉では怨霊による社会不安が増大していた。

仁治三年（一二四二）正月九日、四条天皇が殿舎で顛倒したことにより十二歳で亡くなったこともあり、「いかにも、かの遠き浦〳〵にて沈み果てさせ給にし、御霊どもにや」と、世の人々は噂したという（『増鏡《ますかがみ》』）。続いて後鳥羽の怨霊を慰撫するため、後鳥羽の第一皇子土御門《つちみかど》の子である後嵯峨《ごさが》が即位し、皇統は後鳥羽の子孫に移ったが、怨霊が鎮まることはなかった。そのため、「顕徳院」の諡号は故院の「冥慮に叶わず」として、七月八日には「後鳥羽院」に再度改められることとなった。こうしたことは日本においては前例がなく、怨霊が非常に恐れられていたことがうかがえる。

こうした中、幕府側はいよいよ怨霊鎮撫の必要を感じ、宝治元年（一二四七）四月二十五日に鎌倉鶴岡西北方山麓に後鳥羽院の御霊を勧請して新若宮を建立した。この地に建立したのは、鎌倉幕府の精神的基盤である鶴岡八幡宮の神に後鳥羽院の怨霊をなだめてもらおうとしたからであろう。ここには順徳院も合祀された。

怨霊化を望んだ順徳院

順徳院は、承久の乱で佐渡に流され、京都に帰りたいという強い願望が断たれたことにより「存命 太《はなはだ》無益之由」を感じ、みずから食を断って仁治三年（一二四二）九月十二日に佐渡国真野で亡くなり、翌日には火葬にされた。翌年（寛元《かんげん》元）四月二十八日、遺骨は康光法師《こうこうほうし》の首に懸けられて京都大原に渡御し、後鳥羽院の大原法華堂の側に安置された。そして、順徳院怨霊の発動も噂され、後深草天《ごふかくさてん》皇《のう》の病をきっかけに、建長《けんちょう》元年（一二四九）七月二十日、佐渡院《さどのいん》と呼ばれていた故院は順徳院と追号された。順徳は後鳥羽院怨霊におびえる世情を知っていたようで、本来重陽《ちょうよう》の節句《せっく》を言祝《ことほ》ぐべき九月九日に亡くなることを望み、みずからの怨霊化ないしは後鳥羽院怨霊の増大を企てていたようである（藤川功和「『平戸記』の順徳院―仁治三年十月十日条から読む―」『明月記研究』七、二〇〇二年）。

北条氏にとっては、承久の乱により臣下である武士が天皇を流したということが常に重くのしかかり、ついには怨霊の重圧に耐えきれず、目に見える装置として祠堂の建立を行って霊魂の安寧を祈願し、みずからの恐怖心を宥《なだ》める必要があった。また、後嵯峨は自身が皇統の正統であることを主張せんがために、後鳥羽の怨霊化を否定しつつ手厚く供養したのである（徳永誓子「後鳥羽院怨霊と後嵯峨皇統」『日本史研究』五一二、二〇〇五年）。し

図28　順徳院画像（京都府・曼殊院所蔵）

図29　順徳院を祀る真野宮（新潟県佐渡市真野）

かし、後鳥羽の怨霊は南北朝期にまた頭をもたげてくる。

怨霊の「終焉」

京都を目指す後醍醐天皇の怨霊

後鳥羽院怨霊の跳梁

『後鳥羽院御霊託記《ごとばいんごれいたくき》』には、元弘《げんこう》三年（一三三三）閏二月二十五日に後醍醐《ごだいご》天皇《てんのう》方の赤松則村《あかまつのりむら》（円心《えんしん》）が京都に攻め入ったが、六波羅《ろくはら》勢がこれを撃破し、戦死者の頸《くび》を鴨河原に懸けるという事件が起こった翌日、水無瀬《みなせ》御影堂が鳴動し、大雨が降って晒《さら》し首にされた首が流されたことが記されている。これは鎌倉幕府滅亡を願う後鳥羽《ごとば》の怨念がそうさせたものだと認識されたであろう。

『後鳥羽院御霊託記』にはさらに暦応《りやくおう》二年（一三三九）七月十日に水成瀬三位家官女に後鳥羽院の託宣が下ったとして、以下のように記している。

保元《ほうげん》の乱以後、崇徳院《すとくいん》御霊が平清盛《たいらのきよもり》に入り込んで天下を悩ませ、承久《じょうきゅう》の後の国家の治乱は朕（後鳥羽）の力によるものである。鎌倉幕府が滅亡したことは、後醍醐天皇が春宮《とうぐう》の時にはなはだ深く祈願した上に、大原法花堂に数部頓写した経を送ったことによる。このような法楽の力に、朕のひごろの鎌倉への怨心が加わったゆえに成就したのである。（中略）後醍醐天皇は、天皇となって以降、朕を崇敬することを怠ったので、祇園社の少女に託宣したが、伝わることはなかった。そこで朕の祟りをあらわすために、隠岐《おき》御所へ迎え取ったのである。また隠岐で先非を悔いたので、再び還行することができたのである。（中略）還幸の時、朕の前（水無瀬御影堂）を過ぎたのに祈敬をせず、山崎宝積寺《ほうしやくじ》に御座のときにも勅使を一度も遣わさなかったことはどういうことだろうか。そのために吉野へ移したのである。今さら謝っても遅い。来る八月には何かが起きるであろう。

実際、八月十六日に後醍醐天皇（一二八八―一三三九）は吉野《よしの》で亡くなっており、この託宣は後醍醐の崩御を予言したことになっているが、おそらくは亡くなった後に創作されたのであろう。それはともかく、後醍醐の命運を決しているのが後鳥羽院怨霊であると認識されていたことが注目される。

水無瀬御影堂に対しては、足利尊氏《あしかがたかうじ》・直義《ただよし》から所領安堵や願文が寄せられており、後鳥

図30　後鳥羽院の怨霊を祀る水無瀬神宮（大阪府三島郡島本町）

羽院の御霊は足利氏の守護神的存在であったといえる（松原靖明「『承久記』と後鳥羽院の怨霊」『日本文学』三四―五、一九八三年）。後に述べるように、足利尊氏・直義は、後醍醐天皇の怨霊を鎮魂するために天龍寺を創建するなど、その怨霊に恐怖していた。そのために後鳥羽院怨霊をみずからの陣営に取り込み、その霊威により後醍醐天皇の怨霊に対抗させようとしたのではないかと推測されている（樋口州男「後醍醐天皇の死と足利氏―怨霊と鎮魂―」佐藤和彦・樋口州男編『後醍醐天皇のすべて』新人物往来社、二〇〇四年）。そして、以降水無瀬鳴動が頻発し、この鳴動を貴族たちは近未来の有事への告知、あるいは予兆としてとらえ、恐怖心をもって迎えられた。また、尊氏・直義以降も義詮《よしあきら》をはじめとして室町殿は将軍家存亡の危機に際して戦勝祈願の願文を捧げるなど、荒ぶる後鳥羽院怨霊だからこそ、強い神霊の力が期待された（西山克「物言う墓」東アジア恠異学会編『怪異学の技法』臨川書店、二〇〇三年）。

吉野から京都を呪う

それでは、後醍醐の怨霊はどのようにして意識されていったのか見ていきたい。後醍醐は天皇親政による建武の新政を行ったが、急進的なあり方に批判が巻き起こり、反旗を翻した北条時行《ほうじょうときゆき》を討つために出陣した足利尊氏も、時行軍を破って鎌倉を奪還するも帰京せず、建武政権に反旗を翻した。尊氏は京都での合戦に敗れていったんは西走するが、勢力を立て直して再び京をめざし、湊川の戦いで新田義貞《にったよしさだ》・楠木正成《くすのきまさしげ》軍を破って京都を制圧した。後醍醐は比叡山《ひえいざん》へ逃れたが、和睦の要請に応じて神器《じんぎ》を渡して吉野へ潜行し、尊氏に渡した神器は贋物《にせもの》であるとして、吉野山中で南朝《なんちょう》を樹立した。後醍醐は吉野において京都回復を企てたがそれもならず、延元《えんげん》四年（北朝暦応二年、一三三九）八月十五日、天皇は義良《のりよし》親王（後村上天皇《ごむらかみてんのう》）に譲位し、翌日病により亡くなった。

『太平記《たいへいき》』巻二十一によれば、死去に際し後醍醐天皇は以下のように遺言したという。

図31　後醍醐天皇画像（京都府・大徳寺所蔵）

図32　後醍醐天皇塔尾陵（奈良県吉野郡吉野町）

只生々世々《しょうじょうぜぜ》ノ妄念トモナルベキハ、朝敵ヲ悉《ことごとく》亡シテ、四海ヲ泰平ナラシメント思計也。朕則《すなわち》早世ノ後ハ、第七ノ宮ヲ天子ノ位ニ即奉テ、賢士忠臣事ヲ謀リ、義貞義助ガ忠功ヲ賞シテ、子孫不義ノ行ナクバ、股肱《ここう》ノ臣トシテ天下ヲ鎮ベシ。コレヲ思フ故ニ、玉骨ハタトヒ南山ノ苔ニ埋ルトモ、魂魄ハ常ニ北闕ノ天ヲ望ント思フ。

死後も永遠に譲れないのは、朝敵尊氏一門をことごとく滅ぼして、天下を太平にしたいということである。そして、みずからの骨はたとえ吉野の苔に埋もれても、魂は常に京都の内裏《だいり》を思い続けると誓っているのである。そのため、通常天皇陵は南面しているのに対し、如意輪寺《にょいりんじ》内にある後醍醐の陵墓である塔尾《とうのお》陵は北面している。

　後醍醐が亡くなると、その怨霊がすぐに都の人々に意識されたようで、『太平記』巻二十三では以下のような不思議なことがあったことを記している。

吉野ノ先帝崩御ノ後、様々ノ事共申セシガ、車輪ノ如クナル光物都ヲ差シテ夜々飛度《とびわた》リ、種々ノ悪相共ヲ現ジケル間、不思議哉ト申ニ合セテ、疾疫家々ニ満テ貴賤苦ム事甚シ。是ヲコソ珍事哉ト申ニ、同二月五日ノ暮程ヨリ、直義朝臣俄ニ邪気ニ侵サレ、身心悩乱シテ、五体逼迫シケレバ、諸寺ノ貴僧・高僧ニ仰テ御祈斜メナラズ。陰陽寮、鬼見・泰山府君ヲ祭テ、財宝ヲ焼尽シ、薬医・典薬、倉公《そうこう》・華佗《かだ》ガ術ヲ究テ、療治スレ共痊《い》エズ。病日々ニ重テ今ハサテト見ヘシカバ、京中ノ貴賤驚キ合ヒテ、此人如何ニモ成給ナバ、只小松大臣重盛ノ早世シテ、平家ノ運命忽ニ尽シニ似タルベシト思ヨリテ、弥《いよいよ》天下ノ政道ハ徒事《いたずらごと》ナルベシト、歎ヌ者モ無リケリ。

吉野から車輪のような光物が都に向けて毎夜飛んでいき、それによりさまざまな悪い出来事が起こり、疫病が広まって苦しむ人が多く、直義も病に冒され、身心が衰弱したという。実際直義は暦応五年（一三四二）正月二十七日には傷寒（チフスの類）に罹《かか》ったものの、じきに平癒したようであるが、後醍醐の怨霊により直義が病気となったと認識されていることが注目される。

後醍醐は生前から自分の諡号《しごう》を「後醍醐」とすることを望んでいた。それは、天皇親政の古代の理想的な政治とされる延喜・天暦の治を行った醍醐《だいご》・村上天皇《むらかみてんのう》のあとを継ぐという意図があったことによる。異境の地で無念の死を遂げ、怨霊が予想される天皇に対しては、諡号に「徳」の次を用いて鎮魂するというのが院政期の通例となっていたが、鎌倉末・南北朝期の公卿一条経通《いちじょうつねみち》の日記『玉英《ぎょくえい》』を、孫の一条兼良《かねら》が抄出した『玉英記《ぎょくえいき》抄《しょう》』「凶礼」にそのことが記されている。

先院後醍醐院と号し奉ると云々。代々かくのごときの院、「徳」の字を用いらるる。

崇徳・安徳・顕徳・順徳等なり。今度御号殊勝珍重なり。尊霊の叡情に叶うべきか。

生前の天皇の意向に沿うことにより怨霊化を防ぐことができるだろうということで、「―徳」といった諡号をつけることなく、「後醍醐」とされたのである。

天龍寺の創建

それにも関わらず、死後、後醍醐は怨霊化した。怨霊を恐れる尊氏・直義に対し、後醍醐天皇とも交流のあった禅僧夢窓疎石《むそうそせき》は以下のような進言をしたことが『太平記』巻二十四に記されている。

夢窓国師左兵衛督《さひょうえのかみ》ニ申サレケルハ、「近年天下ノ様ヲ見候ニ、人力ヲ以テ争《いかで》カ天災ヲ除クベク候。何様《いかさま》是ハ吉野ノ先帝崩御ノ時、様々ノ悪相ヲ現シ御座候ケルト、其神霊御憤深シテ、国土ニ災ヲ下シ、禍ヲ成サレ候ト存候。去六月廿四日ノ夜夢ニ吉野ノ上皇鳳輦《ほうれん》ニ召テ、亀山ノ行宮《あんぐう》ニ入御　座《まします》ト見テ候シガ、幾程無テ仙去候。又其後時々金龍ニ駕シテ、大井河ノ畔《ほとり》ニ逍遥シ御座《おわしま》ス。西郊ノ霊迹ハ、檀林皇后ノ旧記ニ任セ、謂アル由区々《まちまち》ニ候。哀レ然ルベキ伽藍一所御建立候テ、彼御菩提ヲ弔ヒ進《まいら》セラレ候ハヾ、天下ナドカ静《しずま》ラデ候ベキ。菅原ノ聖廟ニ贈爵ヲ奉リ、宇治ノ悪左府ニ官位ヲ贈リ、讃岐院・隠岐院ニ尊号ヲ諡《おくりな》シ奉リ、仙宮ヲ帝都ニ遷　進《うつしまいらせ》ラレシカバ、怨霊皆静テ、却テ鎮護ノ神ト成セ給候シ者ヲ」ト申サレシカバ、将軍モ左兵衛督モ、「此《この》儀《ぎ》尤《もっとも》」トゾ甘心セラレケル。

サレバ頓《やが》テ夢窓国師ヲ開山トシテ、一寺ヲ建立セラルベシトテ、亀山殿ノ旧跡ヲ点ジ、安芸《あき》・周防《すおう》ヲ料国ニ寄セラレ、天龍寺ヲゾ作ラレケル。此為ニ宋朝へ宝ヲ渡サレシカバ、売買其利ヲ得テ百倍セリ。又遠国ノ材木ヲトレバ、運載ノ舟更ニ煩モナク、自順風ヲ得タレバ、誠ニ天龍八部モ是ヲ随喜シ、諸天善神モ彼ヲ納受シ給フカトゾ見ヘシ。

夢窓疎石は、後醍醐の怨霊により国土に災いが起きており、六月二十四日の夢では後醍醐が鳳輦に乗って亀山の離宮に入ったが、それからいくほどもなく後醍醐が亡くなった。またその後も金龍に乗って大井川の畔を散策したりしている夢を見ることから、後醍醐と関係の深い亀山の地に伽藍《がらん》を建立して菩提を弔ったのならば、天下はどうして静かにならないことがあろうか、菅原道真《すがわらのみちざね》の聖廟《せいびょう》（北野天満宮）に爵位を奉り、藤原頼長《ふじわらのよりなが》に官位を贈り、崇徳院《すとくいん》・後鳥羽院に尊号を諡《おくりな》し、廟所を京都に建立して御霊を祀ることにより、怨霊は皆静かになり、逆に鎮護の神となったのである、と直義に進言している。このことに対し、尊氏も直義ももっともだと感じ、夢窓疎石を開山として一寺を建立しようと、亀山殿の旧跡を点じ、天龍寺を建立したとされている。

一方、天龍寺創建に関しては『天龍寺《てんりゅうじ》造営《ぞうえい》記録《きろく》』には以下のように記されている。

柳営（尊氏）・武衛（直義）両将軍、哀傷恐怖甚深なり。よつて七七の御忌慇懃《いんぎん》なり。（中略）かつは報恩謝徳のため、かつは怨霊納受のためなり。新たに蘭若《らんにゃ》を建立し、かの御菩提に資し奉るべきの旨、発願《ほつがん》すと云々。

尊氏・直義は、後醍醐の死に哀悼の意を示すだけでなく、怨霊として跳梁《ちょうりょう》することを恐れ、鎮魂のための天龍寺創建をみずからが発願したとしている。『太平記』では夢窓疎石が天龍寺建立を提言したとするが、この史料では尊氏・直義が発願したことになっている。『天龍寺造営記録』ではさらに、勅願寺《ちょくがんじ》は旧仏教か律家《りつけ》によってなされるべきであり、禅寺というならばすでに臨川寺があるので重なってしまうという理由で、夢窓疎石は天龍寺の開山となることを固持している。坐禅と見性《けんしょう》を重視する夢窓にとっては霊魂の存在は否定されるのであり、まして怨霊は「幻妄」であった（八木聖弥『太平記的世界の研究』思文閣出版、一九九九年）。足利氏が光厳上皇《こうごんじょうこう》に院宣《いんぜん》を出させ、夢窓は天龍寺の開山にならざるを得なかったというのが実態であろう。しかし、禅僧には怨霊・妖怪・天狗等の降伏の役割が期待されており、鎌倉・室町時代を通じて禅宗が怨霊を鎮めるのに重要な役割を果たした（原田正俊「五山禅林の仏事法会と中世社会」『禅学研究』七七、一九九九年）。

夢窓の発案として知られているのは、日本国中六十六国二島（壱岐《いき》・対馬《つしま》）での安国寺《あんこくじ》・利生塔《りしょうとう》設置である。これは元弘以来の戦争で亡くなった敵味方一切の人々の遺霊を弔い、戦災の悪縁から逃れて、天下泰平を祈るためであったが、この背景には、敵味方関係なく霊を弔う「怨親平等」の思想がある。夢窓はこの思想に基づき、生者も死者も国王も臣下も、貴賤が等しく、敵対する者もそのままに仏法興隆の荷担者として統合される論理を提示した（菅基久子「護国と清浄」源了圓・玉懸博之編『国家と宗教』思文閣出版、一九九二年）。怨親平等の思想についてはまた後で述べたい。

『太平記』に出現する怨霊

『太平記《たいへいき》』には後醍醐天皇《ごだいごてんのう》のほか、その臣下の怨霊《おんりょう》についても記されている。

楠木正成

楠木正成《くすのきまさしげ》（?—一三三六）は後醍醐天皇の功臣として第一にあげられ、近代においては足利軍と戦った湊川の地に別格官幣社の湊川神社が建立されたり、皇居に銅像が造られたりなどして顕彰される人物であるが、『太平記』の中では、怨霊として登場している。正成は生まれ変わっても朝敵を滅ぼしたいとの思いを持ちながら亡くなっていくが、果たせるかな巻二十三の「大森彦七が事」では怨霊となっている（松尾剛次『太平記』中公新書、二〇〇一年）。

暦応《りゃくおう》五年（一三四二）春のころ、伊予《いよ》国から飛脚が到来して不思議なことを注進した。

伊予国に大森彦七盛長《おおもりひこしちもりなが》という武将があり、建武《けんむ》三年五月に足利尊氏《あしかがたかうじ》が九州から攻め上った際には、湊川の戦いで細川定禅《ほそかわじょうぜん》に従って戦い、楠木正成に腹を切らせた者である。あるとき庭に座敷を作って舞台を構え、猿楽《さるがく》をしようとしていたところ、十七、八歳ほどの女房が現れ、桟敷《さじき》へ案内しようと背負っていったところ、この女が突然身長八尺（二メートル四〇センチ）ほどの鬼となり、両目は朱色で、上下の歯は食い違っていて、口は耳の付け根まで裂けていて、眉は漆で百回塗ったように黒くて額を隠し、振り分け髪の中から五寸（一五センチ）ほどの子牛のような角が鱗をかぶって生え出ていた。鬼は盛長の髪をつかんで虚空に持ち上げようとしたが、盛長も猛者なので、鬼と組み合って深田の中へ転げ落ちながらも捕らえた。周りの者が捕まえようとすると、鬼はかき消すように消えてしまい、その日の猿楽は中止になった。

日を改めて猿楽を催し、半ばに達したところ、遥か海上に、唐笠程の光物が二、三百見え、黒雲の中に玉の輿《こし》が連なり、恐ろしげな鬼の様相をした者が前後左右を囲んでおり、その後ろには甲冑《かっちゅう》を着けた兵が百騎ほど馬に乗って供奉していた。黒雲の中では電光が時々光り、猿楽をしている舞台の上を覆っている森の梢にとまった。すると雲の中から高声で、盛長に申すべき事があって楠木正成が参上した、と声があったが、盛長はこのようなことを恐れぬ者だったので、少しも臆せず、「人死して再び帰る事なし。定てその魂魄の霊鬼と成たるにてぞ有らん。それはよし何にてもあれ、楠木殿は何事の用有て、今此に現じて盛長をば呼給ぞ」と問うと、正成は、私が存命の間はさまざまな謀《はかりごと》をめぐらして北条高時《ほうじょうたかとき》の一族を滅ぼし、後醍醐天皇を安心させ、天下一統に帰した。それを尊氏・直義《ただよし》が邪心を抱き、ついには天皇を退位させてしまった。これにより忠臣の義士で屍《しかばね》を戦場にさらした者は、ことごとく阿修羅《あしゅら》の眷属となって怒りで心が安まる時がない。正成は彼らとともに天下を覆そうと謀《はか》るが、それには貪欲・憤怒・愚痴の三毒を表す三つの剣が必要である。一つは日吉大社にあり、もう一つは尊氏のもとにあったが、両方とも手に入れた。もう一つが盛長が腰に差している刀である。この刀は元暦《げんりやく》の昔に平家が壇ノ浦《だんのうら》で滅んだとき、景清《かげきよ》が海へ落としたもので、江豚《いるか》が呑み込んで讃岐《さぬき》の宇多津《うたづ》沖で死に、海底に沈んでいたところ、漁師の網に引っかかって引き上げられ、盛長の手に渡った。盛長は刀を渡すことを拒み、正成はいつかは取ってやると言って怒って海上へ消えた。

四、五日経って黒雲が漂い、雷が鳴り、雲中に正成が再び現れた。このとき正成がともなっていた人物は、後醍醐天皇・護良親王《もりよししんのう》・新田義貞《にったよしさだ》・平馬助忠政《へいまのすけただまさ》・源義経《みなもとのよしつね》・能登守《のとのかみ》教経《のりつね》をはじめとした保元《ほうげん》・平治《へいじ》の乱で討たれた者や、治承《じしょう》・養和《ようわ》の戦いで滅んだ源平の両兵士や元弘・建武に滅んだ兵の面々で、皆甲冑を帯び弓箭《きゅうせん》を携えていた。以後、盛長は怨霊に悩まされるが、禅僧が大般若経《だいはんにゃきょう》を真読することによって怨霊は鎮まった。そして剣は直義に献上された。

正成が怨霊となったことは他の史料から確認することはできない。おそらくは、合戦において非業《ひごう》の死を遂げたことから、『太平記』の作者が怨霊となるのにふさわしいとみなして怨霊として描いたのだろう。

新田義貞

新田義貞（一三〇一―三八）に関しては、極楽寺坂切り通しを通り抜けられなくなっていたとき、稲村ヶ崎で潮が引くのを待って鎌倉へ入り、鎌倉幕府を滅亡に導いたことは『太平記』にも詳しい。その後、後醍醐天皇の建武政権において官職を得、足利尊氏とは箱根竹ノ下の戦いをはじめとして、数度干戈《かんか》を混じえ、湊川の戦いにおいては楠木正成とともに戦ったが敗れ、北陸落ちした。その後、延元《えんげん》三年＝建武五年（一三三八）、越前《えちぜん》国藤島（福井県福井市）において斯波《しば》高経《たかつね》と戦闘の末討死した。『太平記』においては、義貞の死は、乗っていた馬が矢を受け弱っていたために、堀を飛び越えられず転倒し、馬の下敷きになったところ、流れ矢にあたり、最期は自分で首を掻き切ったと記されている。

『太平記』に記す義貞の最期《さいご》は、悲劇的に脚色され、怨霊化することの伏線となっている。現世での上下関係は怨霊の世界でも保たれ、義貞は後醍醐天皇の指示を受け、楠木正成とともに怨霊として登場している。また、『太平記』では多摩川の矢口《やぐち》の渡しで謀られて自殺を遂げた義貞の次男義興《よしおき》（一三三一―五八）も怨霊として登場し、夜な夜な光り物が出て往来の人を悩ましたので、新田大明神として崇め祭ったという。

護良親王

その他、『太平記』に登場する怨霊化した人物の代表として、大塔宮護良《おおとうのみやもりよし》親王《しんのう》（一三〇八―三五）をあげることができる。護良親王は後醍醐天皇の第三皇子で、元亨《げんこう》三年（一三二三）延暦寺で出家し、天台座主になった。元弘《げんこう》の変で後醍醐天皇が挙兵すると、還俗《げんぞく》して参戦し、六波羅探題《ろくはらたんだい》を倒した。しかし、足利尊氏とはずっと対立関係にあり、後醍醐やその寵姫阿野廉子《あのやすこ》とも反目し、謀叛《むほん》の疑いありとして、建武《けんむ》元年（一三三四）十月に捕らえられ、翌月鎌倉に配流《はいる》されて足利直義の監視下に置かれた。翌年七月、中先代《なかせんだい》の乱が起きて鎌倉が北条軍の手に落ちると、東光寺に幽閉されていた護良は、時行《ときゆき》に奉じられることを恐れた直義によって殺された。なお、明治二年には、東光寺跡に鎌倉宮が建立されて、護良の霊魂の鎮撫がなされている。

護良の最期は怨霊と化すのにふさわしいほど壮絶《そうぜつ》なものであった。『太平記』巻十三

図33　護良親王画像（京都国立博物館所蔵）

「兵部卿宮薨御事」では、足利直義の命を受けた淵辺伊賀守《ふちべいがのかみ》によって刺殺される場面を以下のように記している。

籠ノ前ニ走出テ、明キ所ニテ御頸《おくび》ヲ奉見《みたてまつる》、噬切《かみき》ラセ給ヒタリツル刀ノ鋒、未ダ御口ノ中ニ留テ、御眼猶生タル人ノ如シ。淵辺是ヲ見テ、「サル事アリ。加様《かよう》ノ頸ヲバ、主ニハ見セヌ事ゾ」トテ、側《かたわら》ナル藪ノ中へ投捨テゾ帰リケル。去程ニ御カイシヤクノ為、御前ニ候ハレケル南ノ御方、此有様ヲ見奉テ、余ノ恐シサト悲シサニ、御身モスクミ、手足モタ、デ坐《まします》シケルガ、暫《しばらく》肝ヲ静メテ、人心付ケレバ、藪ニ捨タル御頸ヲ

図34　護良親王が幽閉されていた土牢（神奈川県鎌倉市二階堂）

取挙タルニ、御膚ヘモ猶不冷《ひえず》、御目モ塞セ給ハズ、只元ノ気色ニ見ヘサセ給ヘバ、コハ若《もし》夢ニテヤ有ラン、夢ナラバサムルウツ、ノアレカシト泣悲ミ給ヒケリ。

護良は東光寺の土牢に閉じ込められていたところ、淵辺伊賀守がやってきて太刀で護良の膝のあたりをしたたかに打った。護良は半年ほど牢の中でずっと座っていたため、足が思うように立たず、突っ伏した。起き上がろうとしたところ、淵辺が胸の上に乗りかかり、腰の刀を抜いて首を掻き切ろうとした。そのとき護良は首を縮め、刀の先をぐっとくわえた。淵辺は刀を奪われまいと引っぱったところ、淵刀の先が一寸ばかり折れてしまった。淵辺はその刀を投げ捨て、脇指を抜いて護良を刺し、髪をつかんで引っ張り上げ、首を掻き切った。その後が掲げた部分であるが、護良親王の壮絶な最期と無念さを示して余りある。明るいところに出て首を見てみると、刀の先がまだ口の中にとどまっていて、目はまだ生きているかのようであった。淵辺はこれを見て、このような首は主である足利直義には見せまいとして、藪の中へ投げ捨てて帰ってしまった。介錯《かいしやく》のためにいた持明院保藤《やすふじのむすめ》女はこの様子を見て、あまりの恐ろしさと悲しさで、身がすくみ、手足が立たず座っていたが、しばらくして藪に捨てられた首を見たところ、皮膚はまだ温かく、目も閉じておらず、生きているかのようだったと記している。

このように『太平記』では護良親王が壮絶な亡くなり方をしたことを記しており、怨霊化する伏線となっている。先ほどあげた「大森彦七が事」で護良は怨霊として登場しているほか、巻二十五「宮方の怨霊六本杉に会する事」では、護良親王ら怨霊となった人々が、「怨霊会議」を開いて南北朝の動乱を起こしていることを描いている。

『太平記絵巻』での怨霊

集う怨霊

それでは、『太平記《たいへいき》』巻二十五「宮方の怨霊六本杉に会する事」を見てみよう。ある禅僧が嵯峨《さが》から京へ帰る途中、夕立にあったため仁和寺《にんなじ》の六本杉の木陰で雨宿りをしていたところ、日が暮れてしまった。そこで本堂の縁側で静かに念《ねん》誦《じゅ》していたところ、愛宕山《あたごやま》・比叡山《ひえいざん》の方から四方輿《しほうごし》に乗った者が空から降りてきて、六本杉の梢に並んだ。そこには、上座には後醍醐天皇《ごだいごてんのう》の外戚春雅僧正《しゅんがそうじょう》がおり、眼は日月のように光り輝き、嘴《くちばし》が長くて鳶《とび》のようであり、水精《すいしょう》の数珠《じゅず》を繰って座っていた。その次には南都の智教上人《ちきょうしょうにん》、浄土寺の忠円僧正《ちゅうえんそうじょう》が左右に座っていた。皆昔と変わらない姿ではあったが、眼が異常に輝き、左右の脇から長い翅《はね》が生えていた。そうしたところ、また空中から五つの緒の簾のついた牛車に乗って来た客があった。見ると護良親王《もりよししんのう》がまだ法体であったときの姿だった。そして、怨霊《おんりょう》たちの会議が始まった。春雅僧正は「この世の中をいかにしてまた騒動させたらよいだろうか」と問うと、忠円僧正が「護良親王が足利直《あしかがただ》義《よし》の内室の腹に宿って男子となって生まれるのがよい。また夢窓疎石《むそうそせき》の弟子妙吉侍者《みょうきちじしゃ》には春雅僧正の心が入れ替わって直義の政道を輔佐させればよい。智教上人は上杉重能《うえすぎしげよし》・畠山直宗《はたけやまただむね》の心に入れ替わって、高師直《こうのもろなお》・師泰《もろやす》兄弟を亡き者にするように謀ったらよい。忠円は師直・師泰の心に入れ替わり、上杉・畠山を滅ぼそう。これにより尊氏《たかうじ》・直義兄弟の仲が悪くなり、師直も足利氏に背くようになり、天下はまた大きな合戦が起こるだろう」と言うと、護良をはじめその場にいた小天狗に至るまで、「ようこそ謀られた」と一同みな興に入るようだった。それから四、五日すると、直義の女房が四十を過ぎてから妊娠したことが判明し、男子を生んだ。そしてその後は、怨霊たちが会議で話し合ったとおりになっていったのである。

愛宕山での密議

また、巻二十七「雲景未来記事」では、雲景《うんけい》という羽黒山《はぐろさん》の山伏《やまぶし》が不思議なことに出会ったことを熊野牛玉《くまのごおう》の裏に書いたという未来記が載せられている。雲景は貞和《じょうわ》五年（一三四九）京都の名所をめぐろうとしていたところ、ある山伏が日本無双の霊地である愛宕山に来なさいということで、後をついていった。そして本堂の後ろ、座主の坊と思われるところへ行った。

爰《ここ》ニ至テ見レバ人多ク坐シ給ヘリ。或ハ衣冠正シク金笏ヲ持給ヘル人モアリ。或ハ貴僧高僧ノ形ニテ香染ノ衣著タル人モアリ。雲景恐シナガラ広庇《ひろびさし》ニクヾマリ居タルニ、御坐ヲ二帖布《しき》タルニ、大ナル金ノ鵄翅《とびつばさ》ヲ刷《つくろ》ヒテ著座シタリ。右ノ傍ニハ長八尺許《ばかり》ナル男ノ、大弓大矢ヲ横《よこた》ヘタルガ畏テゾ候ケル。左ノ一座ニハ衮龍《こんりょう》ノ御衣ニ日月星辰ヲ鮮カニ織タルヲ著給ヘル人、金ノ笏ヲ持テ並居玉フ。座敷ノ体余ニ怖シク不思議ニテ、引導ノ山伏ニ、「如何ナル御座敷候ゾ」ト問ヘバ、山伏答ヘケルハ、「上座ナル金ノ鵄コソ崇徳院ニテ渡セ給ヘ。其傍ナル大男コソ為義入道ノ八男八郎冠者為朝ヨ。左ノ座コソ代々ノ帝王、淡路ノ廃帝・井上皇后・後鳥羽院・後醍醐院、次第ノ登位ヲ逐テ悪魔王ノ棟梁ト成給フ、止事ナキ賢帝達ヨ。其坐ノ次ナル僧綱達コソ、玄昉・真済・寛朝・慈慧・頼豪・仁海・尊雲等ノ高僧達、同大魔王ト成テ爰ニ集リ、天下ヲ乱候ベキ評定ニテ有」トゾ語リケル。

愛宕山頂では、天狗の姿をなした崇徳院《すとくいん》をはじめ、源為朝《みなもとのためとも》、淳仁天皇《じゅんにんてんのう》、井上内親王《いがみないしんのう》、後鳥羽院《ごとばいん》、後醍醐院、さらには玄昉《げんぼう》ら僧たちが大魔王となって、天下を乱すための評定《ひょうじょう》をしているのであった。この様子は海北友松《かいほうゆうしょう》の作とされるスペンサー本B『太平記絵巻《たいへいきえまき》』に描かれているが、さながら「天狗会議」といったところであろうか。

愛宕山は京の都の北西に位置し、山城《やましろ》と丹波《たんば》との境であり、京都に雨をもらたす雲は愛宕山を越えてくるため、愛宕山には何か得体の知れないものが住んでいると認識されていた。また修験道の行場でもあったため、天狗が住むとも考えられていた。

『太平記』のこの場面では、崇徳院らが天狗として描かれるが、怨霊は時間が経つと天狗に変身し、驕慢・無道心の者も天狗になると考えられていたことによる。黒田俊雄氏は、怨霊が疫病の神という御霊になるのではなく、社会不安＝騒乱を形象化した天狗になる点に、かつての宗教意識と異なる特色をみているが（黒田俊雄『日本中世の社会と宗教』岩波書店、一九九〇年）、このように怨霊となった人物が集合して密談をすることは、これから起こるであろう災害を予感させ、恐ろしくも感じられる一方、キャラクター化されて、ある意味滑稽でもある。院政期においては切実にとらえられていた怨霊が、室町時代も中期になると、物語の中でおもしろく描かれるようになってきていることは、人々の怨霊に対する認識が大きく変化しつつあることを示しているのではないだろうか。

『実盛』の世界

夢幻能

室町時代に生きた人々の心性を最もよく表している芸能といえば能であり、能の中には怨霊《おんりょう》が登場するものが数多くある。能は観阿弥《かんあみ》・世阿弥《ぜあみ》父子によって大成されたが、その構成は序破急《じょはきゅう》が重要視された。そのため一日の曲目は序破急の五番立てで行われた。最初に「翁《おきな》」が演じられた後、初番目物（神能・脇能）・二番目物（修羅物）・三番目物（鬘物《かずらもの》）・四番目物（雑物《ざつもの》）・五番目物（切能《きりのう》・鬼畜物）から構成されている。これを曲の内容から分類すると、現在能と夢幻能に分類される。現在能では、主人公（シテ）が現実世界の人物で、筋が時の経過とともに展開するのに対して、夢幻能は神霊、亡霊、鬼などがシテであり、縁のある土地を訪れた旅人（ワキ）の前にシテが化身の姿で現れる前場《まえば》と、本来の姿を見せて思い出を語り、舞を舞ったりする後場《のちば》の二場から構成されているものが多いため、複式夢幻能とも呼ばれる。そして、その中でも源平合戦において亡くなった武士の霊がシテとなるものは修羅能と呼ばれている。

夢幻能の形式は世阿弥が確立したものであり、当時の神・怨霊・鬼などに対する意識が反映されていると言える。夢幻能の例としては、「忠度《ただのり》」「井筒《いづつ》」「善知鳥《うとう》」などがあげられるが、以下においては、世阿弥作の夢幻能の一つ「実盛《さねもり》」をとりあげ、室町時代の怨霊に対する認識を探ってみたい。佐成謙太郎『謡曲大観』に記される「実盛」の梗概は以下のとおりである。

斎藤実盛《さいとうさねもり》が討死して二百余年後、ある僧が加賀国篠原（石川県加賀市）で、念仏説法していると、余人には姿の見えない一翁が毎日聴聞に来るので、僧が不審に思うと、老翁は終に自分は実盛の亡霊であると打明けて、池の辺に消え失せる。僧は奇特の思いをして、実盛の首を洗った池の辺に出て、夜もすがら念仏廻向《えこう》すると、実盛の霊が現れて、錦の直垂《ひたたれ》を着てこの故郷の篠原の戦に出で、鬢髪を墨で染めて奮闘し、ついに手塚太郎に討ち取られた懺悔《ざんげ》物語をする。

そして、実盛が「幽霊」として登場する場面では、

いやさればこそその実盛は、この御前なる池水にて鬢鬚《びんひげ》をも洗はれしとなり、されば
その執心残りけるか、今もこのあたりの人には幻のごとく見ゆると申し候。
（中略）
われ実盛が幽霊なるが、魂《こん》は冥土《めいど》にありながら、魄《はく》はこの世に留まりて、
なほ執心の閻浮《えんぶ》の世に、
二百余歳の程は経れども、
浮びもやらで篠原の、

のように、魂と魄からなる霊魂のうち、魄がまだ供養《くよう》されずにこの世にとどまっていると
している。魂は人が死ぬと天に上るのに対し、魄は人の死後も身体の中にとどまり、やが
て死体とともに土になると考えられていた。供養されなかったりこの世に未練を残して死
ぬと、魂魄が鬼《き》となって人間界に出現し、さまざまの害をもたらすとされた。

日本古典文学大系本『謡曲集』上巻の解説によれば、謡曲『実盛』の素材は、①実盛の
幽霊が篠原に出た話（口承によるか）、②上人だけに見える幽霊の話（時宗関係の伝説らし
い）、③実盛最後の晴れ姿と首洗いの話（『平家物語《へいけものがたり》』）の三つから成り立っているという。

実盛の霊魂

斎藤実盛（一一一一―八三）は『平家物語』によると、寿永《じゆえい》二年（一一八三）に平維盛《たいらのこれもり》らと木曾義仲《きそよしなか》の南下を防ぐために北陸に出陣するが、加賀国篠原合戦で敗北した。味方が皆落ちゆく中、実盛はただ一騎で戦ったが、最後には手塚《てづか》光盛《みつもり》によって首を掻き切られた。実盛は七十を越え白髪であったが、髪を黒く染めて若く見せていた。それは老武者と侮られるのを嫌ったためであった。そして錦の直垂を着て戦っていたのは、「故郷へは錦を着て帰れ」との『史記《しき》』の叙述に基づくものであった。このことを聞いて義仲は首を付近の池で洗わせたところ、白髪になったため、実盛だと断定することができた。

このときの遊行上人は十四代太空《たいくう》であった。太空による実盛供養は『遊行縁起《ゆうぎようえんぎ》』にも記されている。それによると、太空が加賀国潮津道場で、応永《おうえい》二十一年（一四一四）三月五日から七日七夜の別事念仏をしていたところ、中日に白髪の者が来て算《ふだ》を取った。絵の部分では、御札場に座っている太空から一人の老人が念仏札を受け取っている姿が描かれている。太空は普通の人ではないと思ったけれども、群衆に紛れてその人物は見えなくなってしまった。翌日、篠原の在地の人から、斎藤実盛が遊行上人のところへ行って念仏札をいただいたとの噂が立った。十日に篠原の人々が言うことには、実盛のために卒塔婆《そとば》を

図35　斎藤実盛像（埼玉県・歓喜院所蔵）

図36　斎藤実盛の怨霊を供養する太空（『遊行縁起』より、神奈川県立歴史博物館所蔵）

書いて立てたいとのことで、木を削って進上してきた。それではということで「南無阿弥陀仏、三世諸仏出世本懐為レ説二阿弥陀仏名号一云々」と銘文を記し、意趣書もあわせて書いた。そして、集まってやってきた人はこの卒塔婆を書き写さぬ人はなかったという。『満済准后日記《まんさいじゅごうにっき》』応永二十一年五月十一日条に「斎藤別当真盛《サネ》の霊、加州篠原に出現す。遊行上人に逢い十念を受くと云々。さる三月十一日のことか。卒塔婆銘一見しおわんぬ。実事ならば希代のことなり」と記されている。斎藤実盛の霊魂が加賀国篠原に出現し、遊行上人から十念を受けて救済されたそうで、それは三月十一日のことだとされる。そして遊行上人が記した卒塔婆の銘文を書き写した人物が満済のところへ持ってきて見せたのであろう。これが本当だったならば世にも珍しいことであると感想を記している。

なぜ怨霊となったのか

実盛は確かに、白髪を黒く染めてまで老体にむち打って戦ったとして同情を誘うが、怨霊化するには条件不足といえよう。『平家物語』では他にも非業《ひごう》の死を遂げた人物は数知れずあり、それらが後生すべて怨霊となっているわけではない。それがなぜ怨霊として登場することになったのだろうか。

加賀・越前などの北陸は時衆《じしゅう》にとって有力な地盤であったが、浄土真宗《じょうどしんしゅう》本願寺派の発展によって吸収されてしまっていた。これを盛り返すために、太空による実盛済度が行われ、すなわち北陸の時衆へのてこ入れのために、遊行上人のありがたさと宗教的権威の宣伝が行われたと考えられている（今井雅晴『中世社会と時宗の研究』吉川弘文館、一九八五年）。

そのような側面があることは確かだと思うが、なぜ実盛が選ばれたのかという点について、『平家物語』と深く関係した事情があったのではないかと思う。『平家物語』では「真盛」のあとに「還亡《げんぼう》」が記されている。「還亡」については先に述べたとおり、藤原広嗣《ふじわらのひろつぐ》の怨霊譚《たん》となっている。それに引きずられて、本来は怨霊となることのなかった実盛が怨霊とみなされるようになったのではないだろうか。また、応永年間（一三九四―一四二八）は語り本系では最も古態をとどめるとされる『平家物語』の屋代本が書写されたときであり、このことと実盛の怨霊出現と関係があるのではないだろうか。満済が「実盛」ではなく「真盛」と記しているのは、この『平家物語』を読んで知っていたからであろう。

実盛の怨霊は、その後、稲につく虫＝サネモリと習合し、虫送りで送られ、斎藤実盛の霊魂であると考えられるようになり、各地の民俗として今に至るまで伝えられている。

怨霊と幽霊

ところで能の『実盛』では実盛のことを「怨霊」とは記さずに、「幽霊」と記している。世阿弥の作品とされる他の能においても、当時の言葉としたら「怨霊」とされるべき存在を「幽霊」としているのである。このことに関して興味深い説を展開されたのが田代慶一郎氏である（『夢幻能』朝日新聞社、一九九四年）。氏によれば、「幽霊」という用語は古くは漢語本来の意味「死者のたましひ」という意味で用いられていたが、日本語としてはあまり用いられる語ではなかった。一方「霊」と言えば、「怨霊」に代表されるように恐ろしい存在と認識されていた。世阿弥はそうした「怨霊」に「幽霊」という語を使用し、怖くない「幽霊」を誕生させ、「夢幻能」の中に登場させた。世阿弥死後、「幽霊」は「死者が成仏し得ないで、此の世に現した姿」の意味に転化し、幽霊は怖い存在となり、近世の幽霊へとつながっていったという。

中世までは怨霊は恐ろしい存在としてとらえられ、「幽霊」なる語はそのような意味では用いられないのに対し、近世では『四谷怪談《よつやかいだん》』のお岩さんに代表されるように、この世に怨みをもって亡くなった人物は「幽霊」となって登場してくる。そして、「怨霊」という語は影を潜めてしまうが、これは田代氏のように解釈するとよく理解できる。

そして、「怨霊」という語があまり用いられなくなり、かわりに「幽霊」が用いられるようになると、巷間では以前とかわらずに恐れられたものの、政治的には意味を持たなくなっていった。すなわち、国家によって「怨霊」への対処は行われていたのに対し、「幽霊」が国家によってとりあげられて鎮魂されることはなかった。

　この転換は、神観念の転換とも重なる。室町時代までは、日本は「神国《しんこく》」であり、神が非常に重要視されていたのであるが、戦国時代以降は、俗事が優先され、神が第一義的に優先されることはなくなった。そして、神は人によって「利用」される存在へと顚落していったのである。

怨親平等の思想

怨親平等とは

それでは最後に、怨霊《おんりょう》の鎮魂と密接に関わっている怨親平等の思想について、具体例をあげながら示してみたい。中村元《はじめ》著『仏教語大辞典』（東京書籍、一九八一年）には「怨親平等」について、「敵も味方もともに平等であるという立場から、敵味方の幽魂を弔うこと。仏教は大慈悲を本とするから、我を害する怨敵も憎むべきでなく、我を愛する親しい者にも執着してはならず、平等にこれらを愛憐する心をもつべきことをいう。日本では戦闘による敵味方一切の人畜の犠牲者を供養する碑を建てるなど、敵味方一視同仁の意味で使用される」と説明している。『倶舎論《くしゃろん》』第二十九には「諸の有情《うじょう》の類は平等平等にして親怨あることとなし」とあるように、仏教において怨親平等の思想は重要視されてきた。

　渡辺勝義氏は日本における怨親平等思想の発露を宇佐八幡宮の放生会に求めており、以降現代に至るまでの怨親平等思想について論じられているが（渡辺勝義『神道と日本文化』星雲社、二〇〇六年）、この思想が広がっていくのは院政期以降である。これは、院政期以降、合戦が繰り広げられ、戦場で倒れる敵・味方が相次いだことにより、仏教側から死者の菩提を弔おうとの動きが出てきたことによるものであろう。そして、この行為は怨霊を恐れているから怨霊を鎮魂するために行うというものではなく、死者の供養すなわち死者の来世での安穏を願っての行為であることに注意したい。

　怨親平等思想に基づく塔の造立は古くより行われ、例えば、天平宝字《てんぴょうほうじ》八年（七六四）に起こった藤原仲麻呂《ふじわらのなかまろ》の乱の後、称徳天皇《しょうとくてんのう》が戦闘で亡くなった人々の冥福《めいふく》を祈るために作って南都十大寺に寄進した百万塔陀羅尼《ひゃくまんとうだらに》が、敵味方関係なく供養が行われた例としてあげられるだろう。『続日本紀《しょくにほんぎ》』宝亀《ほうき》元年（七七〇）四月二十六日条には以下のように記されている。

　天皇、八年の乱を平らげて、すなわち弘願を発し、三重の小塔一百万基を造らしむ。高さ各四寸五分、基の径三寸五分、露盤の下に各根本・慈心・相輪・六度等の陀羅尼

図37　藤原仲麻呂の乱の犠牲者を供養する百万塔と陀羅尼経（奈良県・法隆寺所蔵）

を置く。ここに至りて功畢《おわ》りて、諸
　寺に分置す。

百万塔陀羅尼の作成は、怨霊鎮魂のためではなく、亡くなった人々をおしなべて等しく供養し、冥福を祈るためであった。

また、天暦《てんりやく》元年（九四七）三月二十八日、朱雀上皇《すざくじょうこう》は延暦寺《えんりやくじ》講堂で承《じょう》平《へい》・天慶《てんぎょう》の乱での戦没者のための千僧供養を行っているが、藤原師輔《もろすけ》が奉じた願文には、「官軍にありといえども、逆党にありといえども、すでに率土と云う、誰か王民にあらざらん。勝利を怨親に混じえ、もって抜済を平等に頒《わか》たんと欲す」（『本朝《ほんちょう》文粋《もんずい》』）とあり、亡くなれば官軍・逆党すなわち親・怨の区別もなく、平等に苦しみからの救済がもたらされることを祈願しているのである。

このような為政者による戦没者の供養は、戦乱がしばしば繰り広げられた院政期以降盛んに行われるようになっていく。文治《ぶんじ》三年（一一八七）三月に、後白河院《ごしらかわいん》は高野山《こうやさん》に対して院宣《いんぜん》を出し、「保元已来《いらい》戦死の輩を作善追修すべし」とし、かつ源義経《みなもとのよしつね》追罰の祈誠をするように命じている（『高野春秋編年輯録』）。これは平家の怨霊の鎮魂を行ったというよりも、戦死者の菩提を弔うための供養を命じたものと解釈できよう。

八万四千塔供養

頼朝《よりとも》は戦乱によって亡くなった人々の霊の鎮魂について、非常に注意を払っていたことは先にも述べたとおりである。建久《けんきゅう》八年（一一九七）十月四日「源親長敬白文」（但馬《たじま》進美寺文書〈『鎌倉遺文』九三七〉）によると、頼朝は全国に八万四千基の宝塔を造立し、保元の乱以来諸国で亡くなった人々の霊の鎮魂をしている。この文書では、八万四千基のうち但馬国分の三百基を造立供養することが述べられているが、同様の命令は諸国に出されたと推測される。頼朝は、天に代わり王敵（平氏）を討ち、逆臣を平らげたが、これにより亡くなった人々は多数にのぼり、遺恨を抱いて亡くなった人もいる、怨をもって怨に報いたならば、怨はずっと断つことができない、徳をもって怨に報いたならば、怨を転じて親となすことができる、よって、八万四千塔を作り、宝篋印《ほうきょういん》陀羅尼経を書写してその中に込め、諸国霊験の地において供養をし、討伐した人々を救おうとしたことがこの文書には記されている。そして八万四千塔の供養により、王法仏法ともに動揺している状況を鎮めようとしているのである。

八万四千塔の歴史については、追塩千尋氏の研究に詳しいが（『日本中世の説話と仏教』和泉書院、一九九九年）、阿育王《あいくおう》（アショカ王）がインドにおいて多くの人を殺した罪を懺悔するために八万四千の塔を作り、その中に仏舎利《ぶつしゃり》を納めて供養したとの阿育王伝説が、中国さらには日本に伝わり、八世紀後半から九世紀にかけて阿育王信仰が定着していったと考えられている。そして、十世紀以降は怨霊調伏《ちょうぶく》・罪障消滅を阿育王塔に祈願する信仰が強くなり、中世を通じてそうした機能が中核であったとされている。

しかし、私は八万四千塔による供養がいわゆる「怨霊」を調伏するために行われていたとは考えない。八万四千塔供養は死者の追善・追福のためであって、怨霊を恐れて鎮撫するのとは意味が異なると思われる。なぜなら、先に述べたように、夢窓疎石《むそうそせき》は怨霊を鎮めるために天龍寺創建や安国寺《あんこくじ》・利生塔《りしょうとう》の建立に関係したのではなく、怨霊の存在自体を認めず、怨親平等思想に基づいて、怨を転じて福にしようとしていたのだった。怨霊として認識することは日本独特の思想であるが、怨親平等思想は仏教思想であり、それも禅宗において顕著に見られるのである。

こうした八万四千塔供養は頼家《よりいえ》・実朝《さねとも》に受け継がれ、さらには藤原頼経《よりつね》・頼嗣《よりつぐ》、宗尊親《むねたかしん》王《のう》といった鎌倉将軍によって行われており、これを行うことは王権の象徴でもあった（西山美香「鎌倉将軍の八万四千塔供養と育王山信仰」『金沢文庫研究』三一六、二〇〇六年）。

怨親平等思想の展開

鎌倉時代における怨親平等の思想は、さらに蒙古襲来に関連して発露している。鎌倉の円覚寺は無学祖元《むがくそげん》を開山、執権北条時宗《ときむね》を開基として弘安五年（一二八二）に創建されたが、創建の意趣は、国家鎮護のためと二度に及ぶ元の日本襲来に際して亡くなった敵味方数万の魂の救済を行い、戦没者の菩提を弔うことにあった。時宗は一千体の地蔵を作り円覚寺に納めたが、供養のときの祖元の法語には、我が軍と敵軍において亡くなった人々の「冤親悉平等」のためと述べられている（『鎌倉市史』社寺編、吉川弘文館、一九五九年）。

また、現在、仙台市宮城野区燕沢《つばめさわ》の善応寺境内に建てられている「蒙古《もうこ》の碑」は、江戸時代に燕沢村の土中に埋まっていたものが掘り出されたものであるが、弘安五年八月に祖元が碑文を作成し、弟子の清俊《せいしゅん》が建立したものとされる。碑文には、戦死した蒙古軍の亡魂を弔う旨が記されており、この碑も怨霊鎮魂のためではなく、死者の菩提を弔うために建立されたと考えられる。

そしてこの思想が夢窓疎石による安国寺・利生塔に受け継がれていくのである。南北朝時代の戦乱における怨親平等思想の現れとして、大阪府千早赤阪《ちはやあかさか》村にある寄手《よせて》塚・身方塚と呼ばれる二基の五輪塔の例をあげることができる。元弘元年（一三三一）八月、後醍醐《ごだいご》天皇《てんのう》が笠置山で挙兵すると、それに呼応して楠《くすの》木《き》正成《まさしげ》は赤坂城で挙兵し、兵五百騎余りで立て籠もった。鎌倉幕府の大軍によって笠置山城が落とされ、後醍醐天皇が捕らえられると、兵は赤坂城に向かい、楠木軍は岩を落としたり熱湯を浴びせかけるなど抵抗したが、十月二十一日赤坂城は陥落した。楠木正成は山中に逃れたが、翌年十一月千早城で再挙兵した。正成は南河内《かわち》から和泉《いずみ》にかけての地域を支配下に置き、六波羅《ろくはら》軍を撃破していった。幕府軍は再び大軍を送り、正成は千早城に立て籠もり、さまざまな策を弄して抵抗し、千早城を死守した。そのうち各地で討幕の気運が高まり、幕府滅亡の日まで九十日にわたり抵抗を続けた。

この一連の戦いの際に亡くなった敵を供養するために寄手塚を、味方のために身方塚を楠木正成が作ったとされている。寄手塚は総高一八二センチ、身方塚は総高一三七・三センチで、殺さざるを得なかった敵の供養をより丁重に行おうと、敵方の五輪塔の方が大きくなっている。しかし実際は、寄手塚の造立年代は鎌倉時代後期、身方塚の造立時期は南北朝時代のはじめと考えられ、後になってこうした伝承ができあがったのであろう（西山昌孝「千

早赤阪の文化財二　寄手塚と身方塚」『広報ちはやあかさか』二九九、一九九七年）。

また、延文《えんぶん》元年（一三五六）八月二十三日には、佐々木高氏《ささきたかうじ》（導誉《どうよ》）は、「元弘より以来、凶敵御方共にもって戦場において命を堕とす族《やから》」が数え切れないために、「かの亡魂の菩提に資せんがため」足利直義《あしかがただよし》から拝領した所領を京都金蓮寺に寄進している（『金蓮寺文書《こんれんじもんじょ》』）。

図38　怨親平等の思想を示す清浄光寺敵御方供養塔（神奈川県藤沢市西富）

神奈川県藤沢市にある時宗の総本山清浄光寺《しょうじょうこうじ》内に建てられている敵御方供養塔は怨親平等の思想を示す最も著名なものと言えよう。これは、応永二十三年（一四一六）に前関東管領上杉氏憲《うえすぎうじのり》が、鎌倉公方足利持氏《もちうじ》に対して反乱を起こし、幕府が持氏を救援したことにより氏憲は敗れ去り、鎌倉雪の下で自殺するという上杉禅秀《ぜんしゅう》の乱において、双方の死者を弔うために建立された供養塔である。供養塔には「在々所々において敵御方、箭刀水火に落命の人畜亡魂、皆悉《ことごと》く浄土に往生せしめんがため」応永二十五年十月六日に塔を建てたことが記されている。そして、供養塔の右側には合祀《ごうし》した武将の名が刻まれていたという（『藤沢市史』第四巻、一九七二年）。遊行十四世太空上人《たいくうしょうにん》は、この乱において亡くなった人に十念を施し、敵味方の区別なく弔うため供養塔を建立したのである。

また応永二十四年三月三日には、関東管領上杉憲基《のりもと》が前年十月以降の関東兵乱での「御方ならびに御敵等打ち死菩提のため」に常陸信太荘久野郷を円覚寺正続院《しょうぞくいん》に寄進している（『円覚寺文書』）。

明徳の乱後の供養

室町幕府の有力守護である山名氏《やまなし》が滅ぼされた明徳の乱の供養においても怨親平等思想が見られる。山名氏は、時氏《ときうじ》の時には十一カ国の守護職を持ち、「六分一殿《ろくぶんのいちどの》」と呼ばれるほどの権勢を誇った。三代将軍足利義満《よしみつ》は、時氏の死後、山名氏の内紛に乗じて明徳《めいとく》元年（南朝元中七年、一三九〇）に時熙《ときひろ》・氏幸《うじゆき》の追討を氏清《うじきよ》・満幸《みつゆき》らに命じ挙兵させた。氏清らが挙兵すると、義満は細川・畠山・大内氏らに命じて討伐させ、平安京の内裏があった場所内野《うちの》で合戦が行われた。明徳の乱である。この結果、氏清は戦死し、戦後処理として山名氏の所領は大幅に削られ、勢力は大幅に縮小することになった。

この合戦について記したのが『明徳記《めいとくき》』であり、合戦後ほどなくまとめられたもので、比較的信憑性が高いと評価されている。その「義満相国寺《しようこくじ》に仏事をなす」には、氏清をはじめとして合戦で亡くなった人々の亡魂を慰めるために義満が相国寺で法要を行ったことを記している。

去程に去年十二月晦日の合戦に人馬多く下世して、内野大宮の戦場には夜々に修羅闘戦の声聞えて、時々に合戦死亡の苦をいだく音のみ人の夢にも現《うつつ》にもみえきこえける間、敵御方の討死共猶怨害を含て、合戦道の苦を受て、瞋恚《しんに》強盛《ごうじよう》の炎に身をこがすかと覚て哀なる由、上下沙汰しければ、御所様もきこしめし及ばせ給て、今度の合戦に討死しつる物共併我故也。去《いん》じ元弘・建武に国土の兵多く滅し事を嵯峨の開山大御所にしめし申されしおもむききこしめし及けるに思食合《おぼしめしあわせ》られて、是皆一業所感をはいひながら、濫觴《らんしよう》は責一仁に帰すべき也。其上御方の兵皆わが為に忠儀を存じたる物共なれば、旁《かたがた》不便に思しめさる丶なり。又奥州も昨日までは公臣の約を成といへども、不儀の反逆を誡てすでに誅戮《ちゆうりく》しぬる上は、かれが遺跡に誰残て菩提をも訪《とぶら》うべきと、不便におぼしめされければ、「あたをば恩を以て報ずべし」とて、相国寺に於て、一乗八軸の妙経を毎日に一部づ丶、七日に七部頓写し給て、無二無三の妙理をの

図39　北野経王堂の木材で復元された大報恩寺経王堂（京都市上京区）

べ、百種の供具を珍備して、五山の清衆一千人をもて大施餓鬼行はせ給ひ、「陸奥前司氏清幽儀并《ならび》に諸卒戦死の亡霊六道の有情三界の万霊悉皆得道」と廻向せさせ給しかば、いかばかり諸神納受し給て、亡魂もうけ給ふらんと聴聞の貴賤も涙をながす。末只当時の善根善修のみにあらず。末代の規範にもならせ給ふべきは今日の大仏事なり。されば天下も安泰にして、御運御長久の基也と万人首をうなだれて値遇の結縁をぞよろこびける。

この合戦では、幕軍の死者二百六十人余、敵方の名の知れた死者八百七十九人を数え、その他名の知れぬ者で亡くなった者は数知れずという状況で、南は四条のほとり、北は一条、東は西洞院《にしのとういん》・油小路《あぶらこうじ》、西は梅津・桂までの間、人馬の死骸が満ちて足の踏み場もないほどだったと記している。そして討ち取られた山名氏清らの首実検が行われた。その後、内野の戦場跡では、夜ごとに武者の叫び声が聞こえ、夢か実かの区別もつかないほどであったため、人々は、敵味方で討ち死にした人々は死んでもなお怨みを抱き、合戦道の苦しみを受けてもがいていると感じたのであった。そのため、南北朝の戦いにおいて亡くなった人々の供養を夢窓国師が尊氏に説いた例を参考に、義満は明徳三年、相国寺において万部経会を修することを発願し、みずからは法華経七部を頓写し、五山の僧千人を集めて大施餓鬼を行い、山名氏清ならびに戦いに倒れた敵味方兵士の供養を行った。これにより天下の安泰、義満の御運長久がもたらされると人々は首をたれて値遇の結縁《けちえん》を喜んだという。

引き続き応永八年（一四〇一）には北野社の社頭に、三十三間堂の倍半という大堂が建立されて「北野経王堂願成就寺」と名づけられ、十日間にわたって万部経会ならびに経典書写などの仏事が行われ供養された。この行事は「北野経会」と呼ばれる京の最大行事となり、代々の幕府によって踏襲された（竹内秀雄『天満宮』吉川弘文館、一九六八年）。

この堂は江戸時代になると荒れるに任せられ、寛文十一年（一六七一）に解体縮小されて小堂となり、このとき解体された遺構の木材が大報恩寺（千本釈迦堂）に運ばれ、小さくなりながらも復元された。

異国人の供養

怨親平等思想に基づく死者の供養は、敵が日本人に限定されるわけではない。高野山《こうやさん》奥の院には、高麗《こうらい》陣敵味方供養碑が建てられている。この碑は慶長四年（一五九九）薩摩《さつま》藩主島津義弘《しまづよしひろ》が、文禄《ぶんろく》・慶長《けいちょう》の役で亡くなった人々を敵味方関わりなく供養するために建立した。そこには、慶長二年八月十五日に、全羅道南原《ぜんらどうなんげん》における戦いで亡くなった大明国軍兵数千のうち、島津が討ち取った四百二十人、同年十月に慶尚道《けいしょうどう》泗川《しせん》における戦いで亡くなった大明人八万余人、それを自軍の死者三千余人とともに供養する旨記されている。豊臣秀吉《とよとみひでよし》による五輪塔「耳塚」も戦勝記念塔などではなく、こうした流れから理解しなければならない。

近代社会においては、怨親平等思想は武士道と結びつくことになった。明治四十二年（一九〇九）日露戦争での勝利と日本軍戦没者慰霊のために旅順《りょじゅん》に白玉山表忠塔が建てられ、乃木希典《のぎまれすけ》らが参加して慰霊祭が行われた。そしてその前年には、亡くなったロシア兵の霊の鎮魂のため、二〇三高地の東側にある小案子《しょうあんし》山東麓にロシア正教風チャペルと顕彰碑をつくって慰霊祭が行われたが、このときも乃木希典は日本代表として参列している。つまり、亡くなった敵軍の霊魂の鎮魂を自軍のものよりも先に行っているのである。

また、いわゆる「南京大虐殺」の責任を問われ、A級戦犯として処刑された松井石根《まついいわね》は、日中両軍戦没者の供養のため、昭和十五年（一九四〇）自邸のあった熱海に興亜観音を建立し、観音力により東亜の平和と繁栄を築こうとした。戦争が終われば敵も味方もなく、等しく戦没者を鎮魂しようとする怨親平等の思想に基づいた行為であった。この興亜観音

図40　日中両軍戦没者を供養する興亜観音（静岡県熱海市）

は中国の土と日本の土をまぜて焼かれた観音で、三重県尾鷲《おわせ》市の金剛寺にも建立された。戦闘においては、死者が少なからず生じることは避けてとおれない。そうしたとき、死者の霊を鎮魂することは、為政者にとっての使命であった。

怨親平等の思想は、怨霊の鎮魂とときには重なり合いながら意識されてきた。しかし、怨霊という考え方が次第に薄くなっていく一方、戦乱などで亡くなった人々の供養のありかたとして、怨親平等の思想は現在に至るまで日本人の思想の基層を構成している。この考え方は、敵は死んでも敵であり、憎み続けるべき存在だとみなす他の民族の思考とは相異なるものである。

怨霊を通して見えるもの——エピローグ

たとえば、現代社会において、皇室に関するある事象が、何かの怨霊《おんりよう》のためであるという発言をしたらどうなるであろうか。その結果は、怨霊など存在しないとしてバカにされるか、不敬であるとして糾弾されるかのどちらかであろう。

生き続ける怨霊

本書で取り上げた怨霊は、政争によって破れていった人々、すなわち敗者の歴史である。敗者は歴史の表舞台からは消されたが、人々の心の中では生き続けた。勝者は歴史を作り敗者は物語を作ると言われるゆえんである。

本書では、限られた怨霊、すなわち政治の中枢部に現れた怨霊について考察した。もちろん怨霊はそうしたレベルだけではなく、民衆に至るまでさまざまに伝えられている。そして怨霊は現代社会においても恐れられていることは、怨霊に関する書籍・雑誌類が継続的に刊行され、ネット上では怨霊に関するさまざまな情報が飛び交っていることでも明かであろう。政治上ではその役割を終えた怨霊が、人々の心の中ではまだ生き続けているのである。

動物を供養する

こうした傾向に対して、怨霊なんてあるはずがないとして、苦々しく思う人々も多いだろう。しかし、現代人にとって、怨霊は前近代的な存在として一笑に付してしまうだけの存在でよいのだろうか。

三重県紀北《きほく》町海山区の白浦《しろうら》には「腹子持鯨《はらこもちくじら》菩提之塔」が建てられている。宝暦《ほうりやく》年間(一七五一―六四)に常林寺住職の夢枕に女に姿を変えた鯨が立ち、「私は龍神に仕える鯨で、子を産む場所を探しに明日白浦の沖を通るが見逃して欲しい」と懇願した。住職はこのことを鯨組の清助に伝えようとしたが、鯨船はすでに出航した後であった。鯨は夢のお告げ通り白浦の沖に姿を現し、漁師たちはこれを仕留め解体した。そうこうしている間に捕った鯨は住職の夢に出てきた鯨であろうという話が村中に広まり、不思議なことが起こったという噂が相次いだ。そして、その年の暮れには悪疫が流行し、村も困窮していった。

これはきっと腹子持鯨の祟りに違いないということになり、宝暦八年（一七五八）十二月八日に腹子持鯨菩提之塔を建て、大供養を行ったという（平賀大蔵「三重県下の海の石碑・石塔（二）」『海と人間』二二、一九九四年）。

人間だけでなく、動物も怨霊となって祟り、そのための供養は各地で行われている。それは、人間と同様に動物にも霊魂の存在を認め、一方的かつ無慈悲に殺《あや》めることは道義に悖《もと》ると考えられたからであった。こうした考え方は、一木一草にも霊魂の存在を認める日本人の古来からの思想と言えよう。

図41　胎児をはらんだ母鯨を供養する「腹子持鯨菩提之塔」（三重県北牟婁郡紀北町）

鯨の供養のあり方について全国の事例を調査した松崎憲三氏によると、胎児をはらんだ母鯨の場合、特に胎児の処置に意を払い、丁重に埋葬したという。そして捕鯨地域では母子持鯨の祟り的側面が強調されたような伝説・縁起《えんぎ》の類が少なからず存在するという（松崎憲三「寄り鯨の処置をめぐって」『日本常民文化紀要』一九、一九九六年）。

先にあげた白浦の腹子持鯨への供養はそのときだけ行われたわけではない。それから二百年経った昭和三十二年（一九五七）十二月十八日、二百年祭が行われ、記念碑が建立された。その碑には宝暦八年の鯨一件のことが記され、供養を行ったことにより以降平穏が戻ったことも記述されている。そして、二百年祭にあたり社殿と供養塔を建立し、祭祀を行って漁業の隆盛と白浦の繁栄を祈念することが行われた。そこには、鯨のことを忘れずに実直に暮らしていこうとする人々の心が現れており、さらには腹子持鯨に対して漁業の繁栄を祈願するという善神としての側面が期待されていることも読み取れよう。ここには菅原道真《すがわらのみちざね》らに見られた怨霊から善神への神観念の転化と通じるものがある。

怨霊は人々の心が創り出したものであり、恐怖に感じる人にとっては堪えきれないほどの重みをもってとらえられた。そして、怨霊は社会を「本来あるべき姿」に戻していく装置としても機能しており、共同体を調和の方向に導いていくことに寄与していたのである。怨霊を通じて社会を見たならば、すべてを目に見える「物質」のみの作用で解釈しようとする思想からは見ることのできない、血の通った世界が見られるのではないだろうか。

あとがき

小さいころ、私は心霊写真にとても興味を持っていた。この世とは違う世界が存在することに恐怖を感じながらもワクワクしたのである。そして、少し「霊感」があり、特定の場所では違った雰囲気を感じ、祖父や祖母が亡くなったときには不思議な体験をして、その後もときどき「霊界」からの「お告げ」があった。こうした感覚は大人になるとなくなっていったが、あれは単なる思いこみだったのか、別世界からの通信だったのか、今でもよくわからない。

日本の古代・中世においては、こうした霊魂の世界が存在するのは当然であると考えられていた。今の閣議にあたる陣定《じんのさだめ》において、怨霊《おんりょう》にどう対処したらよいのか真剣に議論されていたのである。

現代社会においても、死者の霊魂の供養は重要な問題である。「死人に口なし」ではあるが、「死者の無念の思いを晴らすため」に生者を罰して欲しいと遺族は求め、「死者の思いを遂《と》げるため」に手厚い供養が行われている。こうしたことを「非科学的」と切り捨ててしまっては、人間という存在を理解することは到底不可能であろう。しかし、霊魂を真剣に供養しようとする人がいる一方、それに便乗して金儲けしようとする人がいることが、霊魂の問題を胡散臭《うさんくさ》いものにしていることは確かである。けれども、こうしたことは古代からあり、そうしたことも含めて人間の存在を考えていかなければならない。

私は大学の卒業式の後で、ある日本史の先生から、「正道」を歩めとの言葉をいただいた。政治史・社会経済史が正道であった（ある？）日本史の世界において、摩多羅神《またらじん》という怪しげな神を研究の対象に扱った私は「異端」の存在だった。中学・高校と歴史が一番不得意な科目だった私には、「正道」を歩む能力などなく、「異端」でいいじゃないかと逆に開き直り、小さいころ興味を持っていたこともあって、より一層霊魂の世界に引きつけられていった。そんな人間が「日本史」を教えるために大学の教壇に立っているのは、本当に不思議なことである。そこには、霊魂という精神世界に関する事象であるからこそ、より「人間性」が現れ、民族性・時代性をうかがうことができるのではないだろうかとの思いがある。異端は異端であるからこそ存在の意味があろう。

最後に、このような書を『歴史文化ライブラリー』に加えていただいた吉川弘文館に感謝する次第である。

二〇〇七年四月

山田雄司

参考文献

稲岡　彰『怨霊史跡考』敬文堂、二〇〇一年
大江　篤『日本古代の神と霊』臨川書店、二〇〇七年
桜井徳太郎『霊魂観の系譜』筑摩書房、一九七七年
柴田実編『御霊信仰』（『民衆宗教史叢書』五）、雄山閣出版、一九八四年
志村有弘『妖異・怨霊・奇談』朝文社、一九九二年
鈴木哲・関幸彦『怨霊の宴』新人物往来社、一九九七年
竹居明男編著『天神信仰編年史料集成』国書刊行会、二〇〇三年
田中　聡『妖怪と怨霊の日本史』（『集英社新書』）、集英社、二〇〇二年
中村直勝『歴代天皇紀』（『中村直勝著作集』六）、淡交社、一九七八年
西山良平「御霊信仰論」（『岩波講座日本通史』五）、岩波書店、一九九五年
西山良平「〈神〉・怨霊・山陵―タタリの全体史あるいは〈御霊〉信仰再考―」斎藤英喜編『アマテラス神話の変身譜』森話社、一九九六年
堀本正巳『怨霊の古代史』北冬舎、一九九九年
宮地直一『神道史』蒼洋社、一九八五年
宮田　登『生き神信仰』（『塙新書』）、塙書房、一九七〇年

村山修一『天神御霊信仰』塙書房、一九九六年
山田雄司『崇徳院怨霊の研究』思文閣出版、二〇〇一年
山田雄司「源頼朝の怨霊観」今井雅晴編『中世仏教の展開とその基盤』大蔵出版、二〇〇二年
義江彰夫『神仏習合』(『岩波新書』)、岩波書店、一九九六年

なお、怨霊・御霊信仰に関する文献は、三重大学人文学部日本中世史(山田雄司)研究室ホームページ http://onryo.syuriken.jp/ に掲載しているので、参照していただければ幸いである。

関係系図

奈良・平安時代初期天皇系図

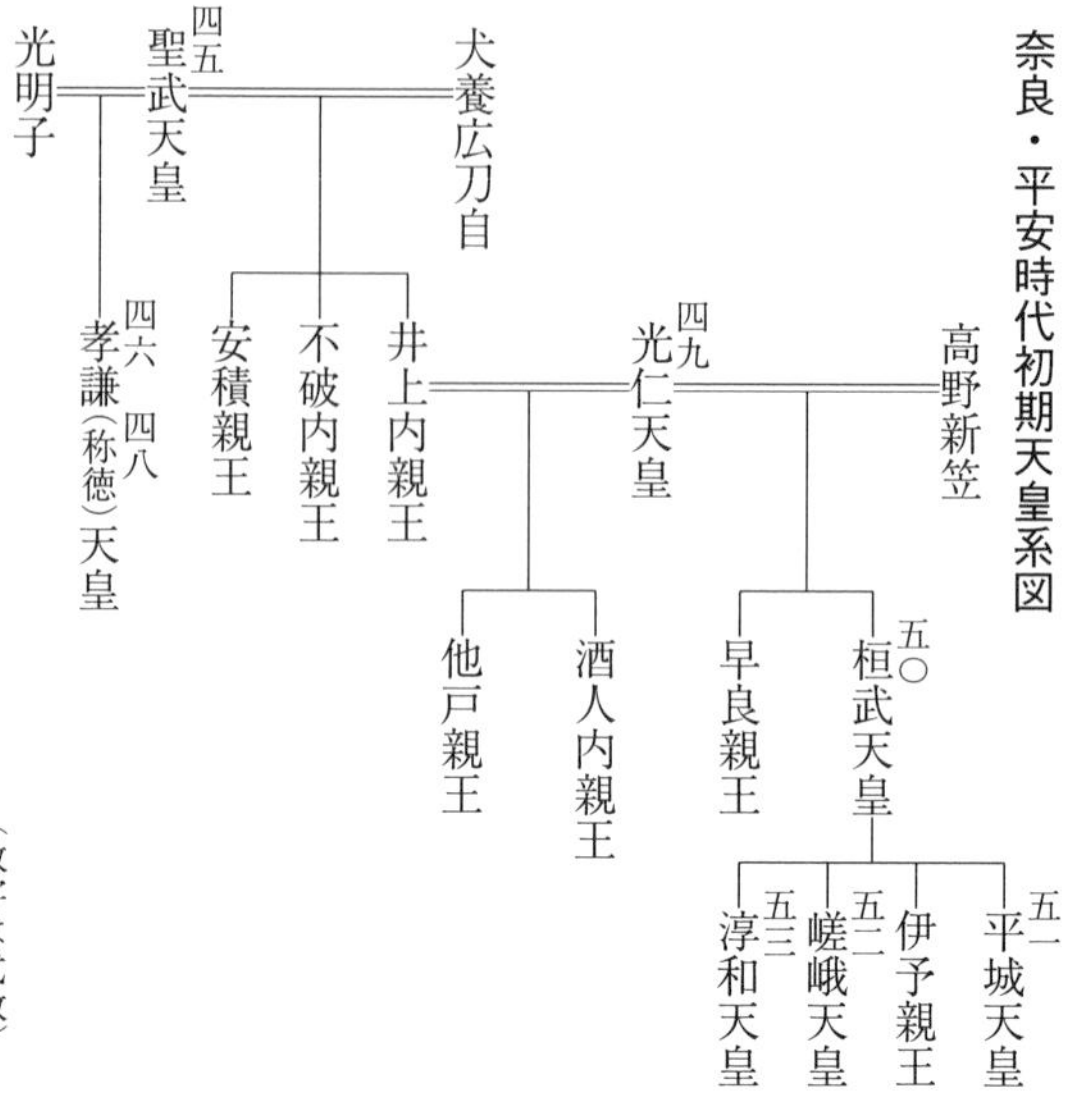

（数字は代数）

院政期天皇系図

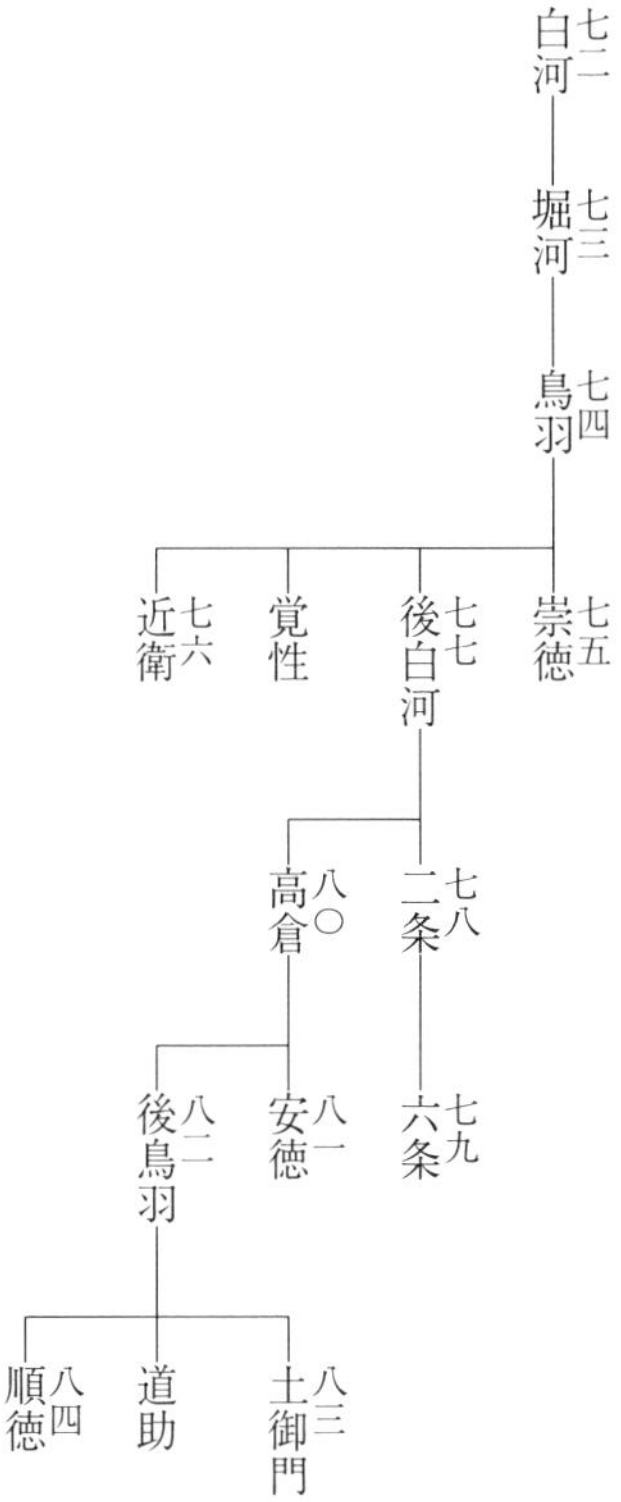

（数字は代数）

著者紹介

一九六七年、静岡県に生まれる
一九九一年、京都大学文学部史学科卒業
一九九八年、筑波大学大学院博士課程歴史・人類学研究科史学専攻（日本文化研究学際カリキュラム）修了　博士（学術）
現在、三重大学人文学部教授
主要著書・論文
『崇徳院怨霊の研究』、「室町時代伊勢神宮の怪異」（『神道史研究』五四―一）

歴史文化ライブラリー
237

跋扈《ばっこ》する怨霊

祟りと鎮魂の日本史

二〇〇七年（平成十九）八月一日　第一刷発行
二〇二三年（令和　五）四月一日　第五刷発行

著　者　山《やま》田《だ》雄《ゆう》司《じ》

発行者　吉川道郎

発行所　株式会社 吉川弘文館
東京都文京区本郷七丁目二番八号
郵便番号一一三―〇〇三三
電話〇三―三八一三―九一五一〈代表〉
振替口座〇〇一〇〇―五―二四四
http://www.yoshikawa-k.co.jp/
印刷＝株式会社 平文社
製本＝ナショナル製本協同組合
装幀＝マルプデザイン

ISBN978-4-642-05637-3

歴史文化ライブラリー

1996.10

刊行のことば

現今の日本および国際社会は、さまざまな面で大変動の時代を迎えておりますが、近づきつつある二十一世紀は人類史の到達点として、物質的な繁栄のみならず文化や自然・社会環境を謳歌できる平和な社会でなければなりません。しかしながら高度成長・技術革新にともなう急激な変貌は「自己本位な刹那主義」の風潮を生みだし、先人が築いてきた歴史や文化に学ぶ余裕もなく、いまだ明るい人類の将来が展望できていないようにも見えます。

このような状況を踏まえ、よりよい二十一世紀社会を築くために、人類誕生から現在に至る「人類の遺産・教訓」としてのあらゆる分野の歴史と文化を「歴史文化ライブラリー」として刊行することといたしました。

小社は、安政四年（一八五七）の創業以来、一貫して歴史学を中心とした専門出版社として書籍を刊行しつづけてまいりました。その経験を生かし、学問成果にもとづいた本叢書を刊行し社会的要請に応えて行きたいと考えております。

現代は、マスメディアが発達した高度情報化社会といわれますが、私どもはあくまでも活字を主体とした出版こそ、ものの本質を考える基礎と信じ、本叢書をとおして社会に訴えてまいりたいと思います。これから生まれでる一冊一冊が、それぞれの読者を知的冒険の旅へと誘い、希望に満ちた人類の未来を構築する糧となれば幸いです。

吉川弘文館